Go Vista
CITY GUIDE

Istanbul

von Gabriele Tröger und Michael Bussmann

Gabriele Tröger, 1972 in Arzberg (Fichtelgebirge) geboren, verbrachte schon während ihres Studiums der Journalistik und Turkologie viel Zeit in Istanbul. Bis heute ist die Bosporusmetropole ihre Lieblingsstadt geblieben. Zusammen mit Michael Bussmann verfasste sie insgesamt zwölf Reiseführer über die Türkei.

Michael Bussmann, 1967 in Esslingen am Neckar geboren. Studierte Germanistik, Journalistik und Politikwissenschaft in Bamberg und lebt heute als freier Journalist in Berlin. Die Türkei bereist er seit über 20 Jahren. Istanbul, dieses durch den Bosporus geteilte Tohuwabohu, ist für ihn die schönste Stadt der Welt.

www.vistapoint.de

Inhalt

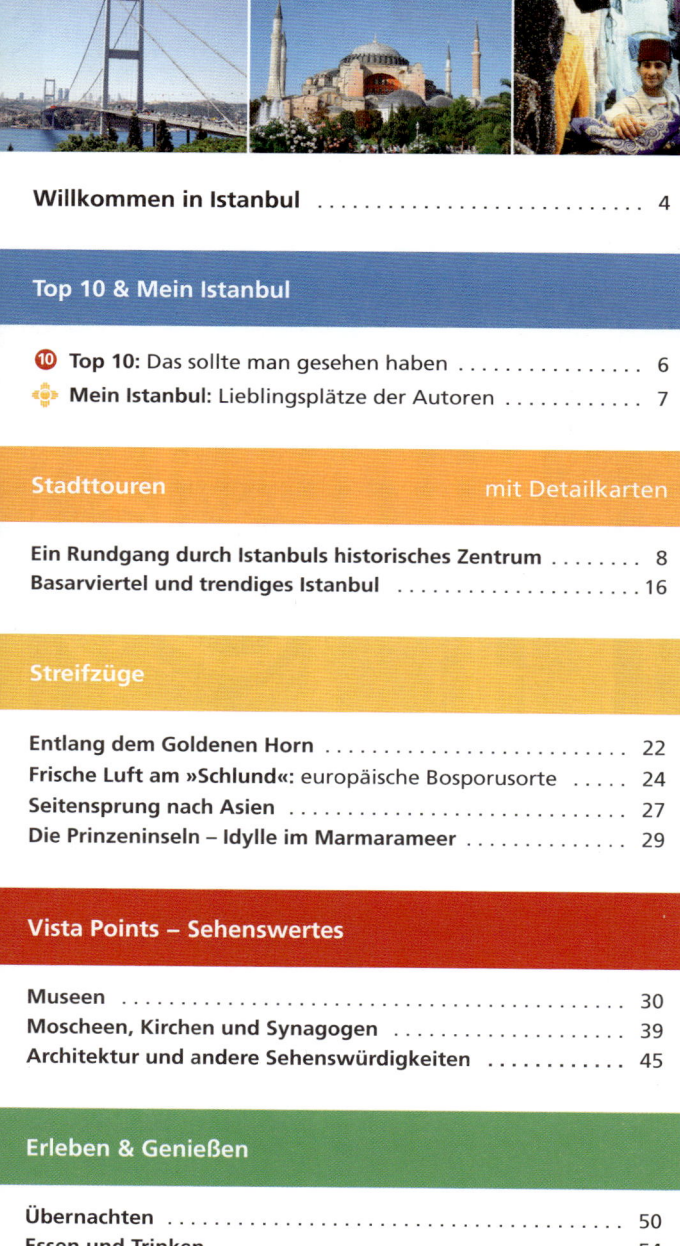

Willkommen in Istanbul 4

Top 10 & Mein Istanbul

- **Top 10:** Das sollte man gesehen haben 6
- **Mein Istanbul:** Lieblingsplätze der Autoren 7

Stadttouren — mit Detailkarten

Ein Rundgang durch Istanbuls historisches Zentrum 8
Basarviertel und trendiges Istanbul 16

Streifzüge

Entlang dem Goldenen Horn 22
Frische Luft am »Schlund«: europäische Bosporusorte 24
Seitensprung nach Asien 27
Die Prinzeninseln – Idylle im Marmarameer 29

Vista Points – Sehenswertes

Museen 30
Moscheen, Kirchen und Synagogen 39
Architektur und andere Sehenswürdigkeiten 45

Erleben & Genießen

Übernachten 50
Essen und Trinken 54
Nightlife 60
Kultur und Unterhaltung 64

Inhalt · Zeichenerklärung

Shopping 66
Mit Kindern in der Stadt 70
Erholung und Sport 72

Chronik

Daten zur Stadtgeschichte 74

Service von A–Z

Service von A–Z 80

Register 92
Bildnachweis und Impressum 96

Zeichenerklärung

 Top 10
Das sollte man gesehen haben

 Mein Istanbul
Lieblingsplätze der Autoren

 Vista Point
Museen, Galerien, Architektur und andere Sehenswürdigkeiten

 Kartensymbol: Verweist auf das entsprechende Planquadrat der ausfaltbaren Karte bzw. der Detailpläne im Buch.

Willkommen in Istanbul

Ein Kurztrip – zwei Kontinente! Welche Stadt bietet das sonst noch? Istanbul, das zu beiden Seiten des Bosporus in Asien und Europa ankert, gehört zu den faszinierendsten Metropolen auf unserem Globus. 13 bis 15 Millionen Einwohner zählt die Stadt, keiner weiß das so genau. Und Istanbul wächst noch immer, wie ein Riesenpilz nach einem Sommerregen. Als einstige Kapitale zweier Weltreiche kann die Bosporusmetropole mit immensen Kunstschätzen und grandiosen Bauten längst vergangener Zeiten prahlen, man denke nur an die Hagia Sophia und den Topkapı-Serail. Kuppeln und Minarette versprechen ein Gefühl von 1001 Nacht und kunterbunte Basare morgenländisches Shoppingabenteuer.

    Istanbul ist aber mehr als der stadtgewordene Traum vom Orient: mit dem verheißungsvollen Ruf der Muezzine im tiefroten Abendhimmel, mit glutäugigen Frauen im *Tschador* und

Istanbul-Panorama mit Kreuzfahrtschiff: der Stadtteil Galata wird vom Galataturm dominiert

mit käppitragenden Männern in den Teehäusern. Die bejahrte Diva am Bosporus, die stets ein wenig zu viel Make-up und Parfüm auflegt, hat eine Frischzellenkur hinter sich, die ihr andere Städte erst einmal nachmachen müssen.

Istanbul wirkt heute in vielen Teilen jünger denn je und macht seinem Namen als neue Trendstadt alle Ehre. Wer es nicht glauben will, sollte sich im Szeneviertel Beyoğlu für eine Nacht unter die junge türkische Avantgarde mischen. Wo die schrillen Flaneure der Nacht in den In-Clubs bis zum Morgengrauen tanzen oder hoch über den Dächern der Stadt mit dem Caipirinha in der Hand flirten, scheint der Orient ganz weit weg und Europa ganz nah. Das Istanbul des neuen Jahrtausends ist weltoffen und konservativ zugleich, ist bettelarm und steinreich in einem.

Wer sich für eine Weile auf diese Widersprüche einlassen kann, wird unvergessliche Tage erleben. Und gibt dann vielleicht der Schriftstellerin Emine Sevgi Özdamar Recht, für die Istanbul einer ganz großen Liebe gleicht: »Manchmal hasst man sie, dann begehrt man sie wieder.«

Top 10 & Mein Istanbul

Top 10: Das sollte man gesehen haben

① Topkapı-Palast
S. 9 ff., 38 ➡ F/G7/8
Die wertvollen Sammlungen des altehrwürdigen Sultanspalasts und sein legendärer Harem machen den Topkapı Sarayı zu einem Publikumsmagneten.

② Archäologisches Museum
S. 12, 30 ➡ G7/8
In dem riesigen Museum kann man dem Erbe eines Landes nachspüren, das als Schmelztiegel der Kulturen gilt.

③ Hagia Sophia
S. 13 f., 32 f. ➡ G/H7
Erst Kirche, später Moschee, heute Museum. Die Hagia Sophia gehört zu den beeindruckendsten Sakralbauten weltweit.

④ Yerebatan-Zisterne
S. 14 f., 49 ➡ H7
Ein Spaziergang durch den geheimnisvollen unterirdischen Wasserspeicher macht auch Kindern Spaß.

⑤ Blaue Moschee
S. 15, 40 ➡ H7
Die Türken nennen die berühmteste Moschee Istanbuls »Sultanahmet-Moschee«, nach ihrem Stifter Sultan Ahmet I. Ihre sechs Minarette prägen die Skyline des alten »Stambul«.

⑥ Ägyptischer Basar
S. 17, 45, 66 ➡ F6
Egal ob Safran, klebrige morgenländische Köstlichkeiten oder scharfe Pülverchen – im Istanbuler Gewürzbasar werden Hobbyköche fündig.

⑦ Großer Basar
S. 18, 47, 66 ➡ G5/6
Im Gewusel des kuppelbedeckten Großen Basars erliegt fast jeder dem Kaufrausch.

⑧ Beyoğlu und Taksim
S. 20 f., 56 f. ➡ B–D/6–8
Die Ausgeh- und Flanierviertel Istanbuls. Wer das neue, junge Istanbul entdecken will, stürzt sich hier ins Nachtleben!

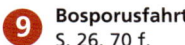 **Bosporusfahrt**
S. 26, 70 f.
Bei einer gemütlichen Fahrt über den Bosporus lernt man Istanbul von einer ganz anderen Seite kennen.

 **Chora-Museum**
S. 31 ➡ C1
Sie ist neben der Hagia Sophia die sehenswerteste byzantinische Kirche der Stadt. Ihre vielfarbig glänzenden Mosaike und Fresken sind wahre Meisterwerke.

Mein Istanbul
Lieblingsplätze der Autoren

Liebe Leser,

dies sind einige besondere Orte dieser Stadt, an die wir immer wieder gern zurückkehren. Eine schöne Zeit in Istanbul wünschen Ihnen

Gabriele Tröger und Michael Bussmann

 Dachterrassen
S. 61 ➡ D6/7, C7
Cafés und Bars mit den schönsten Ausblicken. Jene in Sultanahmet bieten Kaffee mit Panoramablick auf Hagia Sophia und Blaue Moschee, jene in Beyoğlu – wie das Leb-i Derya im Hotel Richmond – Cocktails zum Bosporusblick.

 Galatabrücke
S. 19 ➡ E/F6
Über die legendäre Brücke, die das Goldene Horn überspannt, läuft man nicht nur einmal. Oben bevölkern Angler das Geländer, unten laden Kneipen und Fischlokale zu einer Pause ein.

 İstanbul Modern
S. 33 f. ➡ D8
Das Istanbuler Museum für moderne Kunst in einer Lagerhalle aus dem 19. Jahrhundert gibt einen guten Überblick über die Entwicklung der türkischen Kunstszene. Oft gibt es außerdem interessante Wechselausstellungen zu sehen.

 Pierre-Loti-Café
S. 24, 59 ➡ nördl. A1, aC2
Das traditionsreiche Aussichtscafé im Stadtteil Eyüp erinnert an den turkophilen französischen Literaten Pierre Loti.

 Kumkapı
S. 59 ➡ J4
Unzählige Fischlokale buhlen im Viertel Kumkapı direkt am Marmarameer um Kundschaft. Die meisten bieten ihren Gästen Livemusik am Abend.

Stadttouren

Ein Rundgang durch Istanbuls historisches Zentrum

Vormittag
Topkapı-Palast – Archäologisches Museum – Gülhane-Park – Museum für Geschichte der Wissenschaft und Technologie im Islam – Bahnhof Sirkeci – Soğukçeşme Sokak.

Mittagspause
Yeşil Ev Restaurant ➔ H7, Kabasakal Caddesi 5, ✆ (02 12) 517 67 85, www.yesilev.com.tr

Nachmittag
Hagia Sophia – Archäologischer Park – Yerebatan-Zisterne – Blaue Moschee – Mosaikenmuseum – Sergius-und-Bacchus-Kirche – Sokullu-Mehmed-Pascha-Moschee – Hippodrom – İbrahim-Pascha-Palast (Museum für türkische und islamische Kunst).

Ein Rundgang durch Istanbuls historisches Zentrum

Der Topkapı-Palast (Topkapı Sarayı)

Topkapı-Palast und Umgebung

Der Rundgang startet im Stadtteil **Sultanahmet**, dem Herzen des historischen Zentrums und touristischen Hotspot Istanbuls. Hier konzentrieren sich viele der großen Sehenswürdigkeiten aus den Bildbänden über die Bosporusmetropole. Die Silhouette des Stadtteils prägt von See aus der ❶ **Topkapı-Palast** (Topkapı Sarayı) ➡ F/G7/8 auf der Landspitze **Sarayburnu**. Für drei Jahrhunderte war er der Sitz der Osmanenherrscher. Mit dem Bau der gewaltigen Palaststadt begann man wenige Jahre nach der osmanischen Eroberung Konstantinopels, als erster Sultan zog 1540 Süleyman der Prächtige ein. Jeder nachfolgende Sultan baute um und an, sodass im Lauf der Jahrhunderte ein weitläufiger Komplex von rund 70 Hektar entstand. Als Sultanspalast verlor der Serail im 19. Jahrhundert seine Bedeutung. Die Herrscher zog es fortan in die neu errichteten, europäisch angehauchten Paläste am Bosporus. Heute ist der Topkapı Sarayı ein eindrucksvolles Museum mit zig Sammlungen.

Das Haupttor zur Anlage trägt den exotischen Namen »Tor des vom Paradiesvogel beschatteten Kaisers« (Bab-ı Hümayun). Rechter Hand davor kann man einen Blick auf den **Brunnen Ahmets III.** (Sultan Ahmet Çeşmesi) aus dem Jahr 1728 werfen, der als einer der schönsten Brunnen Istanbuls gilt. Der erste Hof, ein weites parkähnliches Gelände, wird auch »Hof der Janitscharen« genannt – die Janitscharen, die Elitetruppen der Sultane, gingen hier ein und aus. Die Kämpfer wurden größtenteils unter der christlichen Jugend der Balkanprovinzen ausgehoben, zum Islam erzogen und zu lebenslangem Dienst verpflichtet. Als die Janitscharen zu einer ei-

Der Brunnen des Ahmet III. am Fronteingang des Topkapı-Palasts

genständigen, gefährlichen Macht im Reich avancierten, wurde das Korps 1826 unter Mahmut II. blutig zerschlagen.

Wer Glück hat, kann linker Hand einen Blick in die nur selten geöffnete **Hagia-Eirene-Kirche** (Aya Irini) ➜ G7 werfen. Sie zählt zu den ältesten christlichen Heiligtümern der Stadt und wurde im 4. Jahrhundert kurz nach der Einnahme von Byzanz im Auftrag Kaiser Konstantins errichtet. Im Jahr 381 tagte hier das Zweite Ökumenische Konzil. Das Innere der dreischiffigen Basilika steht heute leer. In deren Nachbarschaft befindet sich die **Münze** (Darphane-i Amire), in der die Osmanen ihr Silbergeld prägen ließen und heute gelegentliche Ausstellungen stattfinden.

In den gebührenpflichtigen Teil des Serails gelangt man durch das sogenannte »Tor der Begrüßung« (Bab-üs Selam). »Tor des Abschieds« wäre auch passend, denn vor dem Tor fanden einst Hinrichtungen statt, und in dem kleinen Brunnen zwischen Ticketschalter und Tor wusch sich der Scharfrichter nach getaner Arbeit die Hände.

Die Gebäude rund um den von Zypressen und Platanen durchsetzten zweiten Hof beherbergen heute verschiedene Sammlungen. Hier liegt auch der Zugang zum **Harem**. Dessen Besichtigung ist ein besonderes Erlebnis, denn er präsentiert sich als ein verwirrendes Labyrinth aus über 300 Räumen. Bis zu 500 Frauen lebten hier einst, Sklavinnen aus allen Teilen des Reichs, die von rund 70 Eunuchen bewacht wurden. Der romantisch verklärte Ort war ein Gefängnis auf Lebenszeit. Die einzigen männlichen Wesen, die den Harem außer den Eunuchen betreten durften, waren der Sultan und seine Söhne. Man sieht unter anderem die Gemächer der Sultansmutter, der uneingeschränkten Herrscherin des Harems, das Sultansbad samt Stehklo und den imposanten Saal des Sultans, wo der Herrscher unter einem Baldachin die tänzerischen Darbietungen der Haremsdamen verfolgte.

Rechts des Zugangs zum Harem befindet sich der **Diwan** (Divan), in dem früher viermal wöchentlich die höchsten Würdenträger des Reichs tagten. Gegenüber dem Harem und dem Diwan kann man den ehemaligen **Palastküchen** einen Besuch abstatten. Bis zu 100 Ochsen und 500 Schafe wurden darin einst täglich geschlachtet. Heute kann man dort eine Porzellankollektion bewundern. Der Schwerpunkt liegt

Sultan Süleyman der Prächtige und ...

... Roxelane: erst Haremssklavin, dann Lieblingsgemahlin Süleymans

Ein Rundgang durch Istanbuls historisches Zentrum

Vom vierten Hof des Topkapı-Palasts bietet sich ein herrlicher Ausblick auf Istanbul und das Goldene Horn

auf chinesischem Porzellan, das über die Seidenstraße an den Bosporus gelangte. Außerdem beherbergen die Palastküchen altes Silber, Glas und einstige Küchenutensilien.

Das Tor zum dritten Hof besitzt den ebenfalls recht blumigen Namen »Tor der Glückseligkeit« (Bab-üs Saadet). Unter dem ausladenden Baldachin saß der Sultan bei Krönungsfeierlichkeiten und Ordensverleihungen. Gleich hinter dem Tor steht der **Audienzsaal** (Arz Odası), wo der Sultan ausländischen Gesandten Gehör schenkte. Noch bis ins 19. Jahrhundert führte dabei der Großwesir die Konversation, da der Sultan nicht mit »Ungläubigen« sprach.

Die Gebäudetrakte rund um den dritten Hof, die früher weitestgehend von der Palastschule belegt wurden, werden heute ebenfalls als Ausstellungsräume für diverse Serailsammlungen genutzt. Unbedingt besichtigen sollte man die **Sammlung des Heiligen Mantels des Propheten** (Hırka-i Saadet Dairesi) und die **Schatzkammer** (Hazine). Die Sammlung des Heiligen Mantels des Propheten ist zugleich eine muslimische Pilgerstätte, da hier überaus wertvolle Reliquien aufbewahrt werden: neben dem Mantel Mohammeds sein Handsiegel, seine beiden Schwerter, einer seiner Zähne und ein paar seiner Barthaare.

In der Schatzkammer hingegen kann man über die glitzernden Besitztümer der Sultane staunen. Viele der präsentierten Stücke waren Geschenke von Diplomaten, Prinzen, Königen oder Schahs. Unter anderem sieht man den sogenannten »Löffler-Diamant«, den mit 86 Karat fünftgrößten Diamanten der Welt. Ein weiteres Highlight ist der mit mehr als 20 000 Perlen geschmückte »Ismail-Thron«. Aber auch vor dem »Topkapıdolch« aus dem 18. Jahrhundert, dem weltberühmten Star aus dem Film »Topkapi« mit Peter Ustinov, stehen die Besucher Schlange. Der Dolch ist über und über mit Smaragden und Diamanten besetzt.

Den vierten Hof schließlich – mehr terrassenförmig angelegter Garten als Hof – dominieren hübsche Pavillons, die zum Teil kunstvoll mit Fayencen verziert sind. In einem, dem Mecidiye-Pavillon, hat sich das preisgekrönte Restaurant »Konyalı« niedergelassen. Der Blick von der Terrasse auf den Bosporus und das Marmarameer sowie hinüber zur asiatischen Seite ist einfach umwerfend.

Zurück im ersten Hof, gelangt man über einen gepflasterten Weg hinab zum Komplex des ❷ **Archäologischen Museums** (Arkeoloji Müzesi) ➡ G7/8, das zu den angesehensten seiner Art weltweit zählt und sich auf mehrere Gebäude verteilt. In der ehemaligen Kunstakademie des Osmanischen Reichs ist heute die **Altorientalische Abteilung** untergebracht. Zu sehen sind Funde aus Hattuşa, der einstigen Hauptstadt des Hethiterreichs (ca. 170 km östlich von Ankara), aus Ninive, der einstigen Hauptstadt des Assyrerreichs (heute im Irak), aus Ägypten und vielen anderen Orten, die einst auf dem Boden des Osmanischen Reichs lagen.

Hinter dem Museumsgarten mit einem netten Café steht das sogenannte **Fayencenschlösschen** (Çinili Köşk) ➡ G7. Im Inneren werden, wie der Name schon andeutet, Fayencen aus verschiedenen Epochen präsentiert. Eines der berühmtesten Exponate des **Hauptgebäudes** gegenüber dem Fayencenschlösschen ist der Alexandersarkophag aus dem 4. Jahrhundert v. Chr. Die faszinierenden Reliefs des Marmorsarkophags zeigen Alexander den Großen in der siegreichen Schlacht über die Perser. Der Sarkophag wurde von Osman Hamdi Bey, dem Wegbereiter der türkischen Archäologie, 1887 in Sidon (im heutigen Libanon) ausgegraben. Des Weiteren sind im Gebäude Funde aus der gesamten Türkei und den Nachbarländern ausgestellt.

Im etwas sterilen **Neubau** hinter dem Hauptgebäude sieht man Schätze des alten Byzanz (darunter viele Schmuckstücke und Teile der Eisenkette, mit der das Goldene Horn einst vor feindlichen Schiffen gesichert wurde) und Architekturfragmente, die in Istanbul und Umgebung ausgegraben wurden. Auch widmet man sich der Historie Anatoliens von der Altsteinzeit bis zur Bronzezeit. Dabei steht Schliemanns Troja an der Nordägäis im Mittelpunkt. Zudem erweist man den Nachbarkulturen Anatoliens die Referenz. Die ausgestellten Grabungsfunde stammen aus dem heutigen Syrien, Libanon, Israel, Palästina und von der Insel Zypern.

An das Museum schließt der **Gülhane-Park** (Gülhane Parkı) ➡ F/G7/8 an, einst ein Teil der Palastanlage des Topkapı-Serails, heute einer der beliebtesten innerstädtischen Plätze zum Relaxen. Im Park ist auch das **Museum für Geschichte der Wissenschaft und Technologie im Islam** (Istanbul Islam Bilim ve Teknoloji Tarihi Müzesi) ➡ G8 zu finden. Im Norden des Parks laden Panoramateegärten zu einer Pause ein. Dort steht auch die sogenannte Gotensäule, ein 15 Meter hoher Granitmonolith aus dem 3. Jahrhundert. Eine Inschrift an der Säule erinnert an den Sieg Ostroms über die Goten, daher der Name. Einst soll sie von einem Standbild des legendären Byzas von Megara, dem Gründer der Stadt, gekrönt worden sein.

Die am Fuß des Parks verlaufenden Bahngleise enden am **Bahnhof Sirkeci** (Sirkeci Garı) ➡ F7. Der Kopfbahnhof wurde von dem deutschen Architekten August Jasmund projektiert. Hier rollte 1889 erstmals der Orientexpress ein, der durch diverse Filme und literarische Werke Berühmtheit erlangte. An die gute alte Zeit erinnern noch das Bahnhofsrestaurant mit dem klangvollen Namen »Orient Express Restaurant« und ein kleines Museum. Mit der Eröffnung des neuen Bahnhofs Yenikapı (voraussichtlich 2014) wird der Bahnhof im internationalen Zugverkehr ausgedient haben.

Auf dem Weg zurück ins Zentrum von Sultanahmet lohnt ein Abstecher in die pittoreske **Soğukçeşme Sokak** ➡ G7, eine Kopfsteingasse mit hübsch restaurierten Holzhäusern. Teils beherbergen sie Hotels und Restaurants mit lauschigen Gärten, die wie geschaffen sind für ein Mittagessen abseits des Trubels der Millionenmetropole.

Ein Rundgang durch Istanbuls historisches Zentrum

Sultanahmet über und unter der Erde

Nach der Stärkung steht die ❸ **Hagia Sophia** (Ayasofya Müzesi) ➡ G/H7 auf dem Programm. Sie gehört zu den imposantesten Sakralbauten der Welt und war bis zur Errichtung des Petersdoms in Rom die größte Kirche der Welt. Im Jahr 552 begann man mit dem Bau der »Kirche der Heiligen Weisheit«, bereits fünf Jahre später wurde sie fertiggestellt. Immer wieder setzten Erdbeben der Kirche zu, mehrmals musste sie wiederaufgebaut oder neu gesichert werden – der Grund für ihr heute ziemlich gedrungenes Äußeres. Nach dem Fall Konstantinopels wurde sie in eine Moschee und 1934 in ein Museum ungewandelt – Atatürk wollte damit verhindern, dass das mächtige Bauwerk zum Zentrum reaktionärer islamischer Kreise wurde.

Der Eingang zur Kirche befindet sich an der Westseite, am **Ayasofya Meydanı** ➡ H7, einem stets belebten, baumbestandenen Platz mit Cafés und Souvenirständen. Zwei Vorhallen muss man durchschreiten, bevor man durch das sogenannte **Kaiserportal** in das Hauptschiff gelangt, das von einem herrlichen Mosaik aus der Wende vom 9. zum 10. Jahrhundert geziert wird. Es zeigt Christus auf einem juwelengeschmückten Thron mit dem niederknienden Kaiser Leo IX. davor.

Das gewaltige **Hauptschiff** ist knapp 80 Meter lang und 56 Meter hoch. Die Kuppel hat einen Durchmesser von 33 Metern und besitzt 40 Fenster, die dem Raum zu enormer Helligkeit verhelfen. Das Material für den Kirchenbau wurde aus dem ganzen Reich zusammengetragen, so stammen die großen Hauptsäulen beispielsweise aus dem Ruinenfeld von Ephesus.

Aufmerksamkeit verdienen der nach Mekka ausgerichtete *Mihrab* (Gebetsnische) in der Apsis, der prachtvolle *Minbar* (Kanzel) rechts davon und die »Schwitzende Säule« in der Nordecke des Hauptschiffes. Der immerfeuchten Säule, die angeblich Wasser aus einer tiefer gelegenen Zisterne aufsaugt und dann wieder »ausschwitzt«, werden wundersame Dinge nachgesagt. Die acht riesigen Holztafeln über dem Hauptschiff wurden von den Tessiner Architekten Gaspare und Giuseppe Fossati angebracht. Ihre Kalligraphien nennen den Namen Allahs, des Propheten Mohammed, der ersten vier Kalifen sowie der Märtyrer Hasan und Hussein.

Die **Galerien**, die die Längsseiten des Hauptschiffes flankieren, waren für die Frauen bestimmt, die den Hauptraum nicht betreten durften. Hier befinden sich die schönsten Goldgrundmosaiken, deren Gesamtfläche einst 16 000 Quadratmeter betrug. Dazu zählen das bestens er-

Erbaut unter Justinian I. als Hauptkirche des Byzantinischen Reichs zählt die Hagia Sophia heute zum UNESCO-Welterbe

Längsschnitt der Hagia Sophia

haltene Mosaik Kaiser Alexanders in der Nordgalerie und das berühmte Deesis-Mosaik mit Christus als Pantokrator, Maria und Johannes dem Täufer. Gegenüber sieht man das Grabmal Henricus Dandolos', eines Dogen, der 1204 die Kreuzfahrer zur Plünderung von Byzanz anstiftete.

Weitere prächtige Mosaiken fallen an der Stirnwand der Südgalerie (nahe der Apsis) ins Auge. Das linke zeigt Christus in der Mitte, links von ihm Konstantin IX. mit einem Geldsack, rechts von ihm Konstantins Gemahlin Zoë mit einer Schriftrolle. Das Mosaik daneben wird von der Jungfrau Maria mit Kind in der Mitte dominiert, links von ihr sieht man Kaiser Johannes II., rechts von ihr dessen Gattin Eirene.

An die Südostseite des Ayasofya Meydanı grenzt der **Archäologische Park** (Sultanahmet Arkeolojik Parkı) ➡ H7, wo man unter anderem Mauerreste der kaiserlichen Palastanlagen aus byzantinischer Zeit ausgegraben hat. Genau gegenüber, im Nordwesten des Ayasofya Meydanı, liegt ein weiteres imposantes Bauwerk aus byzantinischer Zeit: die ❹ **Yerebatan-Zisterne** (Yerebatan Sarnıcı). Um sie zu entdecken, muss man jedoch in die Unterwelt absteigen – hinab geht es durch ein kleines unscheinbares Häuschen an der gleichnamigen Straße. Die Yerebatan-Zisterne, ein geheimnisvoller unterirdischer Wasserspeicher, gehört zu

Die Yerebatan-Zisterne, oft auch Versunkener Palast genannt

Ein Rundgang durch Istanbuls historisches Zentrum

den eigentümlichsten Sehenswürdigkeiten der Stadt und diente schon als Kulisse für den James-Bond-Film »Liebesgrüße aus Moskau«.

Nun geht es weiter zur ❺ **Blauen Moschee** (Sultanahmet Camii) ➡ H7, die zu den Muss-Sehenswürdigkeiten Istanbuls gehört. Der türkische Name geht auf ihren Stifter Sultan Ahmet I. zurück, der den Auftrag zum Bau der Gebetsstätte im Jahr 1609 erteilte. Sie sollte gewaltiger als die Hagia Sophia werden und ihn unvergesslich machen. Dies gelang zwar nicht ganz, trotzdem entstand mit der Sultanahmet-Moschee einer der schönsten Sakralbauten der Welt. Der bei Ausländern gebräuchlichere Name »Blaue Moschee« rührt von den blau-grünen Fayencen in ihrem Inneren, die die Wände bis zur Höhe der Fenster schmücken und alles in einen blauen Farbton tauchen.

Die mächtige Hauptkuppel hat eine Höhe von 43 und einen Durchmesser von 22 Metern. Der marmorne *Mihrab* ist mit kostbaren Steinen geschmückt, die Marmorkanzel bildet den *Minbar* der Moschee von Mekka nach. Zum Moscheenkomplex gehört auch die *Türbe* des bereits mit 27 Jahren verstorbenen Stifters.

Unverwechselbar machen sie ihre sechs Minarette, über die folgende Legende erzählt wird: Der Sultan forderte von Baumeister Mehmet Ağa, einem Schüler Sinans, ursprünglich zwar nur vier Minarette, dafür aber vier goldene. Da dieser Wunsch finanziell nicht realisierbar war, der Architekt den Herrscher jedoch nicht mit einer Absage erzürnen wollte, verstand er ihn absichtlich falsch und errichtete statt vier goldenen (türkisch *altın* = gold) sechs steinerne Minarette (türkisch *altı* = sechs). Die Pracht der Moschee ließ den Sultan seine einstige Forderung später vergessen.

Gleich um die Ecke liegt der kleine **Arasta Bazaar**, wo man sich mit Teppichen für zu Hause eindecken kann. Über den Arasta Bazaar erreicht man auch das **Mosaikenmuseum** (Büyük Saray Mozaikleri Müzesi) mit Relikten aus byzantinischer Zeit.

Der weitere Weg führt entlang der zunächst von Hotels und Restaurants gesäumten Küçük Ayasofya Caddesi hinab ins ruhige Viertel **Kadırga**, ein recht ursprüngliches Wohngebiet mit alten Holzhäusern, spielenden Kindern auf der Straße und darüber aufgehängter Wäsche. Hier versteckt sich die kleine **Sergius-und-Bacchus-Kirche** (Küçük Ayasofya Camii) ➡ J6, ein byzantinischer Sakralbau, der heute als Moschee dient. Im Gartencafé nebenan lässt sich eine gemütliche Pause einlegen. Von dort hält man sich bergauf immer gen Norden und passiert so die **Sokullu-Mehmed-Pascha-Moschee** (Sokullu Mehmet Paşa Camii) ➡ H6, benannt nach dem Groswesir Selims II. Der Moschee ist eine Koranschule angeschlossen.

Über die Gassen Su Terazisi und Üçler Sokak gelangt man zum **At Meydanı** (»Pferdeplatz«) ➡ H7, dem einstigen byzantinischen Hippodrom. An

Ein touristisches Muss: die Blaue Moschee (Sultanahmet Camii)

die monumentale Pferderennbahn erinnert auf dem länglichen Platz jedoch heute so gut wie gar nichts mehr. Grünflächen, Tulpenbeete, zwei mächtige Obelisken und eine Säule schmücken ihn. Die Westseite des Platzes dominiert der riesige **İbrahim-Pascha-Palast** (Ibrahim Paşa Sarayı) ➔ H7, der das sehenswerte **Museum für türkische und islamische Kunst** (Türk ve Islam Eserleri Müzesi) beherbergt.

Basarviertel und trendiges Istanbul

Vormittag
Fähranlegestelle Eminönü – Neue Moschee – Ägyptischer Basar – Rüstem-Pascha-Moschee – Süleymaniye-Moschee – Großer Basar – Beyazıt-Moschee – Konstantinssäule – Çemberlitaş-Hamam – Fähranlegestelle Eminönü.

Mittagspause
Bei den Fischbrötchenverkäufern an den Fähranlegestellen von Eminönü.

Nachmittag
Eminönü – Galatabrücke – Karaköy – Museum der türkischen Juden – Tünel-Bahn – Museum der Osmanischen Bank – Galataturm – Mevlevi-Kloster – İstiklal Caddesi – Blumenpassage – Nevizade Sokak – Taksim-Platz. (Die Nachmittagstour ist in der ausfaltbaren Karte eingezeichnet.)

Basarviertel und trendiges Istanbul

Eines von rund 3600 Geschäften im Großen Basar (Kapalı Çarşı)

Im Kaufrausch

Der Streifzug durch das quirlige Basarviertel Istanbuls (Achtung – am Sonntag haben die meisten Läden geschlossen!) beginnt an der Fähranlegestelle von **Eminönü** ➜ F6, wo die Dampfer zur asiatischen Seite der Stadt ablegen. Hier herrscht ein nie endender Trubel. Die Bosporusfähren spucken im Minutentakt Menschenmassen aus ihren dicken Bäuchen, Kleinsthändler bieten ihre Waren feil und die Straßen sind voll mit gelben Taxen. Den brodelnden Großstadtwahnsinn überblickt die **Neue Moschee** (Yeni Cami), eine Dominante im Stadtbild, aus architektonischer Sicht jedoch keine Perle. In ihrer Nachbarschaft befindet sich der L-förmige ❻ **Ägyptische Basar** (Mısır Çarşısı), ein Gewürzmarkt, in dem Gourmets voll und ganz auf ihre Kosten kommen. Dort wartet auch das traditionsreiche, mit herrlichen Kacheln geschmückte Restaurant »Pandeli« auf Kundschaft.

Am Südwestausgang des Ägyptischen Basars beginnt die Hasırcılar Caddesi, die später in die Kutucular Caddesi übergeht. Die Straße säumen anfangs vorrangig kleine Lebensmittelgeschäfte, dann folgen Läden mit Haushaltswaren. Wo man nun auch hinblickt: Fußabstreifer, Besen, Putzeimer, Kleiderbügel, Samoware, Kochtöpfe usw. Dazwischen führt rechter Hand ein unauffälliger Treppenaufgang zur **Rüstem-Pascha-Moschee** (Rüstem Paşa Camii), die von oben das Markttreiben überblickt. Am Ende der Kutucular Caddesi geht es links ab und bergauf. Auf dem Hügel rechts thront die **Süleymaniye-Moschee** (Süleymaniye Camii) ➜ F5, die zu den schönsten Gebetsstätten der gesamten Türkei zählt.

Weiter dem Großen Basar entgegen folgen nun Stoffe, Miederwaren und Hochzeitskleider. In und vor den Läden stapeln sich die Waren: Kostüme für die Beschneidungsfeiern der Jungen, BHs, Tischdecken, Vorhänge und, und, und ... Dazwischen werden Sesamkringel oder kühle Getränke verkauft. Immer wieder passiert man alte *Hane*. Über die Jahrhunderte dienten sie als Herbergen der Händler, die aus allen Teilen des Osmanischen Reichs über die Karawanenstraßen nach Istanbul kamen. Sie konnten darin (in der Regel umsonst) übernachten, ihre Ware lagern und verkaufen. Die meisten großen *Hane* waren um einen Innenhof mit einer kleinen Moschee in der Mitte angelegt. Heute kommen die anatolischen Marketender jedoch nicht mehr mit dem Kamel, sondern mit Kleinlastern und übernachten in den Billighotels rund um das Basarviertel. Viele der alten, mittlerweile recht heruntergekommenen *Hane* mutierten zu »Kaufhäusern des kleinen Mannes«.

Für den ❼ **Großen Basar** (Kapalı Çarşı) ➜ G5/6, eine Art Shoppingmall in historischen Gemäuern, sollte man sich Zeit nehmen. Hier kann man in rund 3600 Geschäften einkaufen, bis zu 500 000 Menschen kommen täglich in das farbenprächtige, überdachte Labyrinth. Wer hier kein Souvenir findet, ist selbst schuld. Keine Angst übrigens vorm Verlaufen – das Einkaufsparadies ist mittlerweile sehr gut beschildert.

Westlich des Großen Basars schließt sich das nächste Ziel an, der **Bücherbasar** (Sahaflar Çarşısı) ➜ G5. Antiquarisches, wie der Name suggeriert (türk. sahaf = Antiquar), wird in dem zum Teil von Weinlaub beschatteten Hof jedoch nur noch wenig geboten, das Lesefutter für Studenten überwiegt. Inmitten des Büchermarktes erinnert eine Büste an Ibrahim Müteferrika, der um 1730 die ersten türkischen Werke druckte.

Vorbei an einem gemütlichen Teelokal gelangt man vom Bücherbasar zur **Beyazıt-Moschee** (Beyazidiye). Sie dominiert die Ostseite des weiten, gleichnamigen Platzes. Noch bis vor wenigen Jahren herrschte hier reges Treiben, unzählige fliegende Händler machten den Beyazıt Meydanı bunt und lebendig. Seit die Polizei den illegalen Straßenhandel unterbindet, sieht man hier jedoch in der Regel mehr Tauben flattern als Menschen herumspazieren. Tauben sind für die meisten Istanbuler übrigens alles andere als eine Plage: Nicht wenige sind überzeugt davon, das Schicksal durch das Füttern der grauen Gurrer gütig stimmen zu können. Am Beyazıt Meydanı liegt auch der Zugang zum Campus der Istanbul-Universität, mit über 60 000 Studenten eine der größten des Landes. Am Westrand des Platzes kann man noch einen Blick in das **Kalligraphie-Museum** (Türk Vakıf Hat Sanatları) werfen – kein Muss.

Den Beyazıt-Platz tangiert die lebhafte Yeniçeriler Caddesi, die später in die Straße **Divan Yolu** übergeht. Der Name stammt nicht aus osmanischer Zeit: Der *yol* (= Weg) führte vom Diwan im Topkapı-Serail zu den weiter westlich gelegenen Wohnvierteln der Minister. Wer der Straße nach Osten folgt, gelangt in den Stadtteil Sultanahmet, den wir bereits besichtigt haben. Auf dem Weg dahin passiert man zahlreiche Prachtbauten aus osmanischer Zeit, verwunschene alte Friedhöfe und die sogenannte **Konstantinssäule** ➜ G/H6. Der türkische Name *Çemberlitaş* bedeutet »umgürteter Stein«, weil sie nach mehreren Blitzeinschlägen mit Eisenringen gesichert wurde. Das Monument bildete in byzantinischer Zeit den Mittelpunkt des Konstantinforums. Obenauf gab es damals noch ein bronzenes Kaiserstandbild, das jedoch irgendwann einem Erdbeben zum Opfer fiel. Im Inneren der Säule sollen sich Reliquien befinden wie Nägel und Splitter vom Kreuze Christi und die Axt, mit der Noah seine Arche baute.

Gegenüber lädt der **Çemberlitaş-Hamam** (Çemberlitaş Hamamı) ➜ H6 zur *Sauna alla turca*. Der Hamam, 1583 erbaut, gilt als ältestes türkisches Bad der Stadt. Wer nicht so gerne schwitzt, kann an der Konstantinssäule in die Straßenbahn steigen und von dort zurück bis zur Haltestelle Eminönü, dem Ausgangspunkt des heutigen und auch des nächsten Spaziergangs fahren. Stärkung gefällig? Von schwankenden Booten werden in Eminönü die besten Fischbrötchen der Stadt verkauft.

Trendstadt Istanbul

Von Eminönü führt die **Galatabrücke** (Galata Köprüsü) ➜ E/F6 über das **Goldene Horn** in den Stadtteil Karaköy. Die Brücke ist die mittlerweile fünfte an der gleichen Stelle und wurde 1992 in deutsch-türkischer Koproduktion errichtet, nachdem ein Brand ihre viel besungene Vorgängerin aus dem Jahr 1912 schwer beschädigt hatte. Die Schriftstellerin Emine Sevgi Özdamar widmete der alten Brücke gar einen ganzen Roman: »Die Brücke vom Goldenen Horn«. An Charme kann die wuchtige neue Galata Köprüsü sicher nicht mit ihren filigraneren Vorgängerinnen mithalten, eines ist jedoch gleich geblieben: Auch diese Brücke kann in der Mitte geöffnet werden, um größeren Schiffen Einfahrt ins Goldene Horn zu gewähren. Oben bevölkern Angler das Geländer, im Unterbau haben sich etliche Lokale niedergelassen – nette Orte für ein Bier mit Blick auf die an- und ablegenden Boote.

Wie an der Uferfront von Eminönü sorgen auch in **Karaköy** ➜ E7 die Fährschiffe für reges Treiben. Darüber hinaus besitzt Karaköy einen Anleger für Kreuzfahrtsschiffe. Am kleinen Fischmarkt decken sich Hausfrauen mit *Hamsi*, den köstlichen kleinen Schwarzmeersardinen ein. In den schmalen Gassen dahinter haben sich Fastfood-Läden und kleine Handwerksbetriebe angesiedelt. Aber auch die Szene entdeckt den Hügel zwischen Karaköy und Beyoğlu. Mehr und mehr schicke Cafés und Restaurants entstehen hier.

Die Häuser, die sich den Hügel hinter Karaköy hinaufziehen, gehören bereits zum Viertel **Galata**. Über die Jahrhunderte hinweg wurde dieser Stadtteil von Ausländern und nichtmuslimischen Minderheiten geprägt. Kirchen und Synagogen sind ihre Hinterlassenschaften. In der schön restaurierten **Zülfaris-Synagoge** (Zülfaris Synagoga) ➜ E6 aus dem 17. Jahrhundert, die sich in der schmalen Perçemli Sokak versteckt, ist heute das **Museum der türkischen Juden** (Türk Museviler Müzesi) untergebracht. Nur ein paar Schritte entfernt davon, an der Tersane Caddesi, liegt der Zugang zur 1875 erbauten **Tünel-Bahn** (Tünel), einer der ältesten U-Bahnen der Welt. Sie bringt Fußfaule in wenigen Minuten den Hügel hinauf ins Szeneviertel Beyoğlu. Uns aber nicht, denn auf dem Weg hinauf gibt es viel zu entdecken.

Hinter dem Zugang zur Tünel-Bahn wendet man sich in die nach rechts abgehende Bereketzade Sokak und biegt an deren Ende links

Ewiger Trubel in den Gassen von Eminönü

Stadttouren

ab in die Bankalar Caddesi, die »Straße der Banken«. Dort informiert das **Museum der Osmanischen Bank** (Osmanlı Bankası Müzesi) über die Geschichte der türkischen Wall Street des 19. Jahrhunderts. Auf einem Treppenweg gelangt man von der Bankalar Caddesi auf die recht steil bergauf führende Galata Kulesi Sokak. Vorbei an der von der italienischen Gemeinde genutzten **Peter-und-Paul-Kirche** (Sen Piyer Kilisesi) ➡ D/E6 aus dem 19. Jahrhundert und einem **alten englischen Gefängnis** (Eski Ingiliz Karakolu) in Hausnummer 15, das heute ein charmantes Restaurant beherbergt, erreicht man den **Galataturm** (Galata Kulesi) ➡ D6. Von seiner Aussichtsplattform bieten sich grandiose Panoramablicke.

Weiter bergauf geht es auf der Galipdede Caddesi mit vielen kleinen Musikalienhandlungen. Benannt ist sie nach Galip Dede, einem Hofdichter aus dem 17. Jahrhundert, der im Garten des **Mevlevi-Klosters** (Galata Mevlevihane) seine letzte Ruhe gefunden hat. 1492 gründete der Mevlana-Orden seinen ersten Konvent in Istanbul. Seit 1946 dient das Gebäude als Museum. Nach umfassender Restaurierung informiert das Museum heute in ansprechendem Ambiente über den Orden und zeigt eine Auswahl des Klosterbesitzes. An die Derwische erinnern Derwischkleider, Musikinstrumente, Gebetsketten, Gebetsteppiche etc. Im achteckigen, hölzernen Tanzhaus finden regelmäßig Sufimusik-Konzerte mit eindrucksvollen Tanzdarbietungen statt.

Die Momente der Stille in dem ehemaligen Kloster sollte man genießen, denn danach folgt die lebhafteste Ecke der Stadt. Am **Tünel Meydanı**, einem kleinen, von Cafés gesäumten Platz an der oberen Station der Tünel-Bahn, beginnt die **İstiklal Caddesi** (Straße der Unabhängigkeit) ➡ D6–B8, die wohl bekannteste Straße Istanbuls. Die eineinhalb Kilometer lange, bis weit in die Nacht hinein trubelige Flaniermeile bildet mit den immer schattigen Gassenschluchten rechts und links davon das Viertel ❽ **Beyoğlu** ➡ B–D/6–8. Eine nostalgische rote Straßenbahn rattert die Straße auf und ab.

In osmanischer Zeit, als Beyoğlu noch *Pera* und die İstiklal Caddesi *Grand Rue de Pera* hieß, war das Viertel der kosmopolitische Mittelpunkt Istanbuls. Es galt als bevorzugtes Botschafts- und Wohnviertel der Europäer, die hier in luxuriösen Stadtpalästen lebten und arbeiteten. Reisende wie Marlene Dietrich, Mata Hari oder Agatha Christie nächtigten im **Pera Palace Hotel** ➡ C6 an der Meşrutiyet Caddesi, das jüngst nach einer aufwändigen Restaurierung als Fünf-Sterne-Luxusherberge wieder eröffnet wurde.

Etliche mehr oder weniger versteckte Kirchen, prachtvolle Jugendstilfassaden und grandiose Gesandtschaftsgebäude, die zum Teil noch heute als Konsulate genutzt werden, zeugen ebenfalls von der guten alten Zeit des Viertels.

Nach der Republikgründung 1923 zogen die Botschaften nach Ankara und damit verschwanden die feinen Herren und elegant gekleideten Damen, die französischen Patisserien und die deutschen Schweinefleischmetzger. Beyoğlu wurde vergessen und verfiel. Noch bis vor gar nicht allzu langer Zeit galt der Stadtteil als unsicher und verrucht, zwielichtige Trinkerhöhlen und Pornokinos säumten die dunklen Nebengassen. Die Situation änderte sich erst in den 1990ern, als die İstiklal Caddesi für den Verkehr gesperrt wurde und schicke Lokale und Geschäfte die schmierigen Amüsierbetriebe ablösten. Heute gehört Beyoğlu zu den spannendsten Szenevierteln Europas. Wer den Trends des jungen, neuen Istanbul nachspüren will, das von Moschee und Schleier herzlich wenig hält, muss sich hier einfach umsehen.

Basarviertel und trendiges Istanbul

Die İstiklal Caddesi wird gesäumt von unzähligen CD-, Bücher und Streetwearläden, dazwischen buhlen mindestens genauso viele Schnellrestaurants und Cafés um die Gunst der hungrigen und durstigen Passanten. In den Seitengassen finden sich schräge Clubs, laute Bierkneipen und edle Bars auf mehreren Etagen, die ganz oben haben nicht selten Traumterrassen mit dem Über-Blick – in Beyoğlu findet jeder Stil sein Publikum. Etwa auf halber Länge der İstiklal Caddesi liegt rechter Hand das angesehene **Galatasaray-Gymnasium** (Galatasaray Lisesi) ➜ C7, das schon viele schlaue Köpfe des Landes hervorgebracht hat. Auf dem kleinen Platz davor

Der Galataturm

finden an Wochenenden häufig Kundgebungen statt, bei denen das Polizeiaufgebot oft weitaus größer ist als die Zahl der Protestierenden.

Schräg gegenüber dem Galatasaray-Gymnasium liegt der Zugang zur prächtig ausgeschmückten **Blumenpassage** (Çiçek Pasajı) aus dem Jahr 1876, wo sich mehrere gehobene Restaurants niedergelassen haben. Snacks wie frittierte Muscheln mit leckerer Mandelknoblauchsauce bekommt man auf dem kleinen **Fischmarkt** (Balık Pazarı) in der Nachbarschaft. Über ihn erreicht man auch die **Nevizade Sokak**, eine der charmantesten Restaurantgassen der Stadt. An Sommerabenden sitzt hier Tischgemeinschaft an Tischgemeinschaft und auf dem schmalen Gang dazwischen drängen sich Straßenmusikanten und fliegende Händler. Alle Lokale servieren auf riesigen Tabletts köstliche *Meze*, die feinen türkischen Vorspeisen.

Die İstiklal Caddesi endet am Französischen Konsulat und Kulturinstitut, das 1719 als Hospital für Pestkranke errichtet wurde. Etwas weiter steht das **Cumhuriyet Anıtı** ➜ B8, das »Denkmal der Republik« aus dem Jahr 1928, das Atatürk in heroischer Pose im Kreise seiner Weggefährten zeigt. Dahinter breitet sich der weite ❽ **Taksim-Platz** (Taksim Meydanı) aus. Der Name Taksim (= Verteiler) geht auf das 18. Jahrhundert zurück, als Wasser aus dem Belgrader Wald in einem Reservoir gestaut und nach Pera weitergeleitet wurde. Auch heute übt der Taksim-Platz eine Verteilerfunktion aus als Verkehrsdrehscheibe im Getümmel der Millionenmetropole.

Auf den Taksim-Platz laufen nicht nur breite Boulevards zu, hier endet auch die nostalgische Straßenbahn, hier liegt der Zugang zur Metro und hier befindet sich einer der größten Busbahnhöfe der Stadt. Schön ist der verkehrsreiche Platz nicht – aber das soll sich ändern: Der gesamte Verkehr soll hier in unterirdischen Tunnelsystemen verschwinden. An der Ostseite des Platzes steht zudem noch das **Atatürk-Kulturzentrum** (Atatürk Kültür Merkezi), einer der Dreh- und Angelpunkte des Istanbuler Kulturlebens (zuletzt wegen Restaurierung geschlossen). ∎

Streifzüge

Entlang dem Goldenen Horn

Haliç nennen die Türken das **Goldene Horn**, einen elf Kilometer langen und bis zu 400 Meter breiten Meeresarm, der die europäische Seite der Stadt in zwei Hälften teilt. Von »golden« konnte hier lange Zeit keine Rede sein: Über die Jahrhunderte hinweg spülte die halbe Stadt ihren Unrat ins Horn und ließ es so zu einer stinkenden Kloake werden. Erst in jüngster Vergangenheit hat sich die Wasserqualität wieder deutlich gebessert, dank neuer Kläranlagen und der Stilllegung von Werften und Industrieanlagen rund um das Goldene Horn. Zudem wurden Grünstreifen an den Ufern angelegt, die mittlerweile vielerorts von netten Teegärten bereichert werden. Vor allem in den historischen Vierteln am Südufer, die von den meisten Touristen links liegen gelassen werden, gibt es viel zu entdecken. Sie sind mit Bussen von Eminönü zu erreichen, gemütlicher ist jedoch eine Fährfahrt entlang dem Meeresarm. Die Schiffe legen im Stundenrhythmus von Eminönü ab.

Zu Beginn der Fahrt taucht linker Hand die prächtige Silhouette der **Süleymaniye-Moschee** (Süleymaniye Camii) ➡ F5 auf. Nordwestlich davon breitet sich der Stadtteil **Fatih** mit 184 Moscheen, so vielen wie kein anderer, aus – Fatih gilt als überaus konservativ. So manche Frauen huschen hier im schwarzen *Tschador* durch die Straßen und ihre Männer tragen bauschige Hosen, Hemden mit Stehkragen und eng anliegende Stoffkappen. Einzige Sehenswürdigkeit ist – wie sollte es anders sein – eine Gebetsstätte, die mächtige **Moschee Mehmets des Eroberers** (Fatih Camii) ➡ E/F3, die der gleichnamige Sultan nach der Einnahme Konstantinopels 1453 errichten ließ. Mittwochs findet in ihrer Umgebung ein bunter Wochenmarkt statt.

Die zugeknöpfte Atmosphäre des sich im Nordwesten anschließenden Stadtteils **Fener** (Fähranlegestelle) ➡ C3 gleicht heute der

Im Vordergrund die Neue Moschee, dahinter die Süleymaniye-Moschee, ein Meisterwerk des großen Baumeisters Sinan

Die Griechen von Istanbul

Anfang des 20. Jahrhunderts stellten die Griechen rund ein Viertel von Istanbuls Einwohnern. Spannungen zwischen Türken und Griechen waren im osmanischen Vielvölkerstaat die Ausnahme. Doch das friedfertige Zusammenleben der beiden Völker endete nach dem Ersten Weltkrieg, als Griechenland versuchte sich Kleinasiens zu bemächtigen, und dem darauf folgenden türkischen Befreiungskrieg. Im Rahmen des sogenannten »Bevölkerungsaustauschs« – in Wirklichkeit eine Vertreibung – mussten ca. 1,4 Millionen Griechen die Türkei verlassen. Die Istanbuler Griechen durften nur deshalb bleiben, weil sie für die Wirtschaft der Stadt von immenser Bedeutung waren.

Doch diskriminierende Steuern und andere Schikanen für Nichtmuslime führten in den folgenden Jahren immer wieder zu Abwanderungswellen. Einen Höhepunkt erreichten die türkisch-griechischen Spannungen in der Nacht vom 6. auf den 7. September 1955, die als antigriechische Pogromnacht in die Geschichte einging. Um den Mob zu mobilisieren, hatte der türkische Geheimdienst vorher einen Bombenanschlag auf das Geburtshaus von Atatürk in Thessaloniki verüben lassen und die Tat den Griechen in die Schuhe geschoben. Tausende von griechischen Häusern und Geschäften wurden geplündert und zerstört, mehrere hundert Frauen vergewaltigt und über 70 Kirchen verwüstet.

Weiteren Zündstoff brachte der Zypernkonflikt in die türkisch-griechischen Beziehungen: Nach Jahren des Terrors gegen die türkischen Zyprer besetzte die Türkei 1974 den Inselnorden, was zur Teilung Zyperns führte. Erst in jüngerer Zeit haben sich die bilateralen Beziehungen wieder verbessert. In Istanbul leben heute noch rund 2000 Griechen.

---

von Fatih. Das war jedoch nicht immer so: Bis zum Anfang des 20. Jahrhunderts war Fener ein rein griechisches Viertel mit unzähligen feucht-fröhlichen Tavernen. Wer durch das morsch-verwitterte, aber sehr charmante Eck spaziert, durch seine malerischen, von Weinreben überrankten Gassen, stößt immer wieder auf griechische Hinterlassenschaften. So zieht bereits hoch über der Anlegestelle von Fener ein großer, rötlicher Backsteinbau den Blick auf sich – es handelt sich um eine griechische Knabenschule. Unmittelbar daneben kann man der **Kirche der Hl. Maria der Mongolen** (Kanlı Kilise) ➜ D3 einen Besuch abstatten, die noch heute von der griechisch-orthodoxen Gemeinde genutzt wird. Eine weitere interessante griechische Kirche, die im 16. Jahrhundert in eine Moschee umgewandelt wurde und heute in Teilen als Museum dient, ist die **ehemalige Marienkirche Pammakaristos** (Fethiye Camii) ➜ D2 ganz im Westen von Fener. Aushängeschild des Stadtteils ist jedoch das **Griechisch-Orthodoxe Patriarchat** (Ortodox Patrikhanesi) ➜ D3 etwas oberhalb der mehrspurigen Uferstraße.

In **Balat** ➜ C3, dem sich nordwestlich an Fener anschließenden Stadtteil, waren einst die Istanbuler Juden zu Hause. Schon im 19. Jahrhundert zogen viele von ihnen in »modernere« Stadtviertel, andere wanderten nach dem Zweiten Weltkrieg nach Israel aus. Übrig blieben einige wenige Synagogen wie die unauffällige **Ahrida-Synagoge** (Ahrida Sinagoga) ➜ C2, die nur mit Genehmigung des Oberrabbinats besichtigt werden kann. Die **Kirche St. Stephan von Bulgarien** (Bulgar Kilisesi) ➜ C3 am Ufer von Balat fällt da schon mehr ins Auge. Sie besteht aus Gusseisenteilen, die in Wien vorfabriziert und 1871 über die Donau nach Istanbul verschifft wurden. Noch heute wird die angerostete Kirche von bulgarisch-orthodoxen Christen genutzt.

Nach Stopps in **Hasköy** am Nordufer des Goldenen Horns, wo das sehenswerte **Industriemuseum** (Rahmi M. Koç Müzesi) ➡ A3 zu einem Besuch einlädt, und in **Ayvansaray**, von wo man die **Theodosianische Landmauer** (Theodosios Surları) ➡ C1 erkunden kann, endet die Schifffahrt an der Station **Eyüp** A1. Der alte Wallfahrtsort am oberen Goldenen Horn ist benannt nach Eyüp Ensari, dem sagenhaften Bannerträger des Propheten. Der Legende nach fiel Eyüp als Heerführer während der ersten arabischen Belagerung Konstantinopels (674–678). Nachdem Sultan Mehmet II. acht Jahrhunderte später die Stadt erobert hatte, fand er durch eine wundersame Eingebung den noch immer unversehrten Leichnam. An genau dieser Stelle steht heute die **Eyüp-Sultan-Moschee** (Eyüp Sultan Camii), einer der heiligsten Orte der Türkei und dementsprechend stets von Pilgern belagert. Mehmet der Eroberer ließ die Moschee fünf Jahre nach dem Fall Konstantinopels errichten. Der heutige Bau stammt jedoch aus dem Jahr 1800, nachdem ein Erdbeben den Vorgängerbau zerstört hatte. Pilger zieht es zum berühmten Grabmal des sagenhaften Bannerträgers Eyüp gegenüber dem Moscheeeingang. Die Fassade der oktogonalen *Türbe* und ihre Innenwände sind mit feinsten Fayencen geschmückt. Eyüp selbst ruht in einem leicht erhöhten Holzsarkophag.

In Eyüps Nähe lassen sich fromme Muslime bevorzugt bestatten – kein Wunder also, dass sich in und um Eyüp weite Friedhofsareale erstrecken, die dem Viertel eine ganz besondere Atmosphäre verleihen. Auf einer Anhöhe über den Gräbern thront das stilvolle **Pierre-Loti-Café** (Piyer Loti Kahvesi) ➡ nördl. A1, aC2, das auch mit einer Seilbahn erreichbar ist. Das Ausflugslokal wurde benannt nach dem turkophilen französischen Schriftsteller Pierre Loti (1850–1923), der mehrere Jahre in Istanbul verbrachte und viel Zeit davon angeblich genau hier. Seine Liebelei mit der verheirateten Bosporus-Schönheit Aziyade verewigte er in dem gleichnamigen Roman – die passende Lektüre zu einem Glas Tee auf der herrlichen Panoramaterrasse des Cafés.

Frische Luft am »Schlund«: europäische Bosporusorte

In seinen autobiographischen Skizzen »Istanbul. Erinnerungen an eine Stadt« notierte Literaturnobelpreisträger Orhan Pamuk: »Der Bosporus ist für mich noch immer eine den Menschen wohltuende, die Stadt und das Leben dort aufrechterhaltende, unerschöpfliche Quelle der Gesundheit und der Zuversicht. Und manchmal denke ich mir: Solange man noch an den Bosporus kann, ist das Leben doch gar nicht so schlecht.«

In der Tat ist der Bosporus so etwas wie die Seele und der Ruhepol der Stadt. Wenn die Millionenmetropole unter der sommerlichen Hitze stöhnt, bleibt es hier angenehm frisch. *Boğaz*, »Schlund«, nennen die Istanbuler den Bosporus, der an seiner schmalsten Stelle gerade 660 Meter misst und Europa von Asien trennt. 2500 Fähren, Yachten und Holzbarkassen müssen sich täglich den engen Wasserweg mit rund 150 Tankern, Containerriesen und Kreuzfahrtschiffen teilen – kein Wunder also, dass der Bosporus zu den gefährlichsten Wasserstraßen der Welt zählt.

Frische Luft am »Schlund«

Verheißungsvolles Entrée zum Dolmabahçe-Palast (Dolmabahçe Sarayı)

Zwei gewaltige Brücken entlasten den Fährverkehr. Die zentrumsnahe, sechsspurige und 1622 Meter lange **Atatürk-Brücke** (Atatürk Köprüsü) ➡ E5 wurde 1973 nach Plänen eines englischen Architekturbüros fertiggestellt und war zu jener Zeit die viertgrößte Brücke der Welt. Etwas weiter nördlich, an der engsten Stelle des Bosporus, kam 1988 die **Mehmet-Fatih-Hängebrücke** (Mehmet Fatih Köprüsü) ➡ A1/2 hinzu. Eine dritte Brücke ist bereits angedacht. Und irgendwann in absehbarer Zukunft kann man mit der U-Bahn von Europa nach Asien fahren – die Bauarbeiten an der auf dem Grund des Bosporus verlaufenden Linie sind in vollem Gange.

Am europäischen Ufer des Bosporus reihen sich alte, einst eigenständige Orte aneinander, die im Zuge der Urbanisierung zu lebhaften Stadtteilen oder mondänen Villenvororten herangewachsen sind. Vom Fährhafen in Kabataş fährt Bus 25 E die Uferstraße ab. Wer sich für eine Fahrt mit dem Bosporusdampfer entscheidet, kann in einigen der alten Bosporusdörfer aussteigen und anschließend mit dem Bus zurückfahren.

Trubel pur bietet der zentrumsnahe Stadtteil **Beşiktaş** ➡ A12. Er verfügt nicht nur über eine erstklassige Fußballmannschaft nebst Stadion mit herrlichen Ausblicken, sondern auch über eine ganze Reihe von Sehenswürdigkeiten. Highlight ist der **Dolmabahçe-Palast** (Dolmabahçe Sarayı) ➡ A/B10/11 direkt am Bosporusufer. Die pompöse Sultansresidenz präsentiert noch weitgehend ihr ursprüngliches Interieur. Im ehemaligen Kronprinzenpavillon des Palasts ist heute das **Museum für Malerei und Skulptur** (Resim ve Heykel Müzesi) ➡ A10/11 untergebracht. Umgeben ist der Palast von einem gepflegten Garten, den steife Gardesoldaten vor ungebetenen Gästen schützen. An der Zufahrtsstraße zum Palast befindet sich ein barocker Uhrturm und etwas weiter die **Dolmabahçe-Moschee** (Dolmabahçe Camii) ➡ B9 mit den schlanksten Minaretten der Stadt.

Nahebei kann man dem sogenannten **Museum der Palastsammlungen** (Milli Saraylar Saray Koleksiyonları Müzesi) ➡ B10 einen Besuch abstatten – was einst in den Kellern der Istanbuler Paläste verstaubte, hat hier einen würdigen Ausstellungsort gefunden.

Nur ein Katzensprung ist es von dort zum **Marinemuseum** (Deniz Müzesi) ➡ A11 – wer sich für die Schifffahrt interessiert, ist hier bes-

Streifzüge

Malerisches Fischerdorf am Bosporus: Anadolu Kavağı

Zwischen den Kontinenten – Tipps zur Bosporusfahrt

Eine ❾ **Bosporustour** ist eine schöne Art der Großstadthektik zu entkommen. Auf schmalen Bänken sitzend, mit dem Teeglas in der Hand, kann man Istanbul an sich vorüberziehen lassen. In Eminönü warten private Schiffseigner auf Kundschaft, zudem fährt dort bis zu zweimal täglich auch das offizielle Linienschiff ab, das zuletzt Beşiktaş, Kanlıca (asiatische Seite), Sarıyer, Rumeli Kavağı und Anadolu Kavağı (asiatische Seite) ansteuert. In Anadolu Kavağı hat man mindestens zwei Stunden Aufenthalt, bevor der Dampfer zurückfährt. Schiff ahoj!

tens aufgehoben. Den Nordosten des Stadtteils Beşiktaş dominiert der maurisch anmutende, 1874 errichtete **Çırağan-Palast** (Çırağan Sarayı) ➡ A12. Der ehemalige Sultanspalast beherbergt heute ein exklusives Fünfsternehotel mit eigenem Helikopterlandeplatz. Gegenüber liegt der Eingang zum **Yıldız-Park** (Yıldız Parkı), einer grünen Lunge mit netten Spazierwegen und charmanten Restaurants samt tollen Panoramaterrassen. Der **Şale-Pavillon** (Şale Köşkü) ganz im Norden der Parkanlage, in dem einst Kaiser Wilhelm II. nächtigte, ist heute als Museum zugänglich. Gleiches gilt für den benachbarten **Yıldız-Palast** (Yıldız Sarayı), der vom Park jedoch durch eine hohe Mauer getrennt ist und einen separaten Eingang besitzt.

An Beşiktaş schließt im Nordosten das lebhafte Ausgehviertel **Ortaköy** ➡ aC3 mit zahlreichen Restaurants, Kneipen und Galerien an. Am Wochenende wird hier im Schatten der Bosporusbrücke ein bunter Kunsthandwerksmarkt abgehalten. Weiter geht es nach **Arnavutköy**, das mit seinem schönen Hafen einen Hauch von Mittelmeer versprüht. Noch etwas edler präsentiert sich **Bebek**, wo der Istanbuler Jetset zu Hause ist. Von hier ist bereits die trutzige **Europäische Festung** (Rumeli Hisarı) zu sehen, die über die engste Stelle des Bosporus wacht.

Nachdem man die zweite Bosporusbrücke passiert hat, gelangt man in den Ort **Emirgân**. Hier erstreckt sich ein herrlicher Park mit Panoramablicken auf den Bosporus und im Frühjahr unzähligen Tulpenbeeten. Auch Kunstinteressierte zieht es nach Emirgân – das **Sakıp-Sabancı-**

Museum (Sakıp Sabancı Müzesi) gehört zu den weltweit größten Privatkollektionen osmanischer Kunst. Ein weiteres spannendes Privatmuseum am Ufer des Bosporus ist das **Sadberk-Hanım-Museum** (Sadberk Hanım Müzesi) ➡ aB3 in Büyükdere. Die Exponate (Kunsthandwerk und archäologische Funde) verteilen sich auf zwei große *Yalıs* aus dem frühen 20. Jahrhundert wie sie typisch für die Gegend sind. Die prächtigen, oft pastellfarben oder weiß gestrichenen Holzvillen verfügen meist sogar über einen eigenen Bootssteg und stehen unter Denkmalschutz.

Sarıyer, ein noch recht ursprüngliches Bosporusstädtchen, das erst peu à peu von den Reichen der Metropole als Wohnsitz entdeckt wird, profitiert von seiner Nähe zu den Fanggründen des Schwarzen Meeres und bietet deswegen auch die günstigsten Fischlokale weit und breit. Sarıyer ist Endstation der Linienbusse. Wer weiter nach **Rumeli Kavağı** will, einem der nördlichen Bosporus-Schlusslichter, nimmt ein *Dolmuş*. Der Ausflug lohnt sich als Kontrastprogramm zur rastlosen, brodelnden Millionenmetropole Istanbul.

Seitensprung nach Asien

Die erste, die jemals über den Bosporus die Kontinente wechselte, war einer antiken Legende nach die jungfräuliche Priesterin Io. Sie hatte die Aufmerksamkeit des sinnenfreudigen Göttervaters Zeus erregt, was dessen eifersüchtige Gattin Hera zum Handeln zwang: Hera verwandelte Io in eine Kuh und schickte ihr eine Bremse hinterher, auf dass Io immer in Bewegung bliebe und ein ruhiges Stelldichein mit Zeus unmöglich würde. Und auf der Flucht vor dem gemeinen Insekt durchschwamm die Kuh Io auch den Bosporus.

Heute wechseln tagtäglich Millionen von Menschen die Kontinente bequem per Fähre. Auf der asiatischen Seite wohnen und auf der europäischen arbeiten – das ist Alltag für viele Istanbuler. Unter den Touristen nehmen sich nur wenige die Zeit für einen Seitenwechsel. Eigentlich schade, denn auch das asiatische Istanbul hat viele Reize. Ruhiger oder »orientalischer« als die europäische Hälfte, wie viele meinen, ist es jedoch nicht. Die Fähren nach Asien legen nördlich und südlich der Galatabrücke ab. Angesteuert werden Üsküdar und Kadıköy, die beiden größten Stadtteile auf der asiatischen Seite.

Wie eine kleine Festung: der Leanderturm im Abendlicht

Streifzüge

Kadıköy ➜ aD3 ist mit rund einer Million Einwohnern einer der größten Bezirke Istanbuls und ein pulsierender, lebensfroher dazu. Am besten lässt man sich durch die schmalen Gassen südöstlich der Fähranlegestelle treiben. Kleine Feinkostläden, originelle Trödlergeschäfte und nette Kneipen und Cafés mit vornehmlich studentischem Publikum wechseln sich dort ab.

Ganz anders präsentiert sich der überaus konservative Stadtteil **Üsküdar** ➜ D–G11–13, wo viele Zuzügler aus Ostanatolien leben. Entsprechend hoch ist die Moscheendichte. Vor Üsküdar ragt der kleine, festungsartige **Leanderturm** (Kız Kulesi) ➜ E11 aus den Fluten des Bosporus empor. Nachts wird das Türmchen pittoresk angestrahlt. Mit dem Lichtermeer der Millionenmetropole im Hintergrund zählt es dann zu den beliebtesten Fotomotiven. Zudem erstreckt sich in Üsküdar mit dem **Karaca-Ahmed-Friedhof** (Karaca Ahmet Kabristanı) ➜ F/G13 die größte muslimische Begräbnisstätte der Welt. In dem Meer aus Grabsteinen hat selbst das Lieblingspferd Sultan Mahmuts I. (1730–54) seine letzte Ruhe gefunden.

Vom Fährhafen startet Bus Nummer 15 zu den nördlich von Üsküdar gelegenen Orten auf der asiatischen Seite des Bosporus. Man passiert dabei zwei schöne Sommerpaläste der Sultane, zuerst den im Schatten der Bosporusbrücke gelegenen **Beylerbeyi-Palast** (Beylerbeyi Sarayı) ➜ aC3 und später den marmorverkleideten **Küçüksu-Palast** (Küçüksu Kasrı). In der Nähe des Küçüksu-Palasts befindet sich auch die **Anatolische Festung** (Anadolu Hisarı), die kleine, ruinöse Schwester der Festung Rumeli Hisarı auf der europäischen Seite. Zu ihren Füßen haben sich ein paar gemütliche Lokale angesiedelt.

In **Kanlıca** ➜ aB3/4, weiter nördlich am Bosporus, sollte man den hiesigen, überaus leckeren Joghurt probieren und in **Beykoz** ➜ aB4 noch weiter im Norden eine Portion Steinbutt *(kalkan)* – einen besseren, so sagt man, bekommt man am Bosporus wohl nirgendwo. Endstation der Busse von Üsküdar ist das unscheinbare Städtchen **Ortaçeşme** ➜ aB3/4. Wer noch weiter bis **Anadolu Kavağı** ➜ aB4 will, der letzten Station der Bosporusdampfer, muss hier umsteigen. Der an sich recht idyllische, aber im Sommer ziemlich überlaufene Ort mit seinen vielen Fischlokalen wird von einer genuesischen Festung überragt. Wer die Mühen des Aufstiegs nicht scheut, wird mit Panoramablicken auf die Mündung des Bosporus ins Schwarze Meer belohnt.

Der marmorverkleidete Küçüksu-Palast

Die Prinzeninseln – Idylle im Marmarameer

Rund 90 Minuten dauert die Fahrt mit dem Fährschiff vom Hafen Kabataş ➡ C9 zu den der Stadt vorgelagerten Prinzeninseln im Marmarameer. Es sind neun Stück, fünf davon sind bewohnt. Die Türken nennen die Inseln *Kızıl Adalar* (»Rote Inseln«) nach ihrem rötlichen Gestein. Der unter Ausländern gebräuchlichere Begriff »Prinzeninseln« stammt noch aus byzantinischer Zeit, als die abgeschiedenen Eilande als Verbannungsorte für unliebsame Prinzen und Prinzessinnen dienten. Die vielen Kirchen, Klöster und Synagogen sind die Hinterlassenschaft von Griechen, Armeniern und Juden, die hier in osmanischer Zeit lebten. Heute bewohnen die Inseln wohlhabende Istanbuler – zumindest am Wochenende und in den Ferien. So ist es kein Wunder, dass die Einwohnerzahl im Sommer sprunghaft ansteigt.

Auf **Kınalıada** ➡ aE3 beispielsweise, der ersten Insel, die das Fährschiff ansteuert, leben im Winter gerade einmal 1900 Menschen, im Sommer sind es 15 000. Das Eiland besitzt einen Wald aus Antennen und viele Neubauten – auf einen Zwischenstopp kann man hier getrost verzichten. Die nächste Station ist der Hafen von **Burgazada**, über dem sich eine griechisch-orthodoxe Kirche erhebt. Sait Faik, der große türkische Erzähler (1906–54), verbrachte hier 20 Jahre seines Lebens. Wie auch auf allen anderen Inseln sind private Autos auf Burgazada nicht erlaubt, Pferdedroschken erledigen den Transport.

Heybeliada lockt mit weiten Pinienwäldern und dazu ein paar recht einladenden Stränden – von einem längeren Bad im ziemlich verschmutzten Marmara-Wasser ist jedoch abzuraten. Ein schöner Spaziergang führt zum Hagia-Triada-Kloster (Aya Trias Manastırı), für das ein malerischer Platz auf einem Hügel im Norden der Insel ausgesucht wurde. Das zugehörige Priesterseminar hat die türkische Regierung 1971 geschlossen, in der Anlage verblieben nur wenige Mönche. Die Wiedereröffnung der Kaderschmiede für den griechisch-orthodoxen Priesternachwuchs gehört zur Beitrittsforderung der EU an die Türkei.

Büyükada ➡ aE4, die »Große Insel«, ist zwar tatsächlich die größte Insel des Miniarchipels, mehr als eine Stunde braucht die Pferdekutsche jedoch auch nicht, um sie zu umrunden. Büyükada-Dorf bezaubert mit eleganten Erkervillen im viktorianischen Stil, die von prächtigen Gärten umgeben sind. In dieser Idylle lebte der Exilant Leo Trotzki 1929–33 und schrieb seine »Geschichte der Russischen Revolution«. Auf einem 202 Meter hohen Hügel im Süden der Insel erhebt sich das Sankt-Georg-Kloster (Aya Yorgi Manastırı) mit einer griechisch-orthodoxen Wallfahrtskirche. Auffälligstes Gebäude der Insel ist jedoch ein riesiger, hoher Bau, der angeblich zu den größten Holzbauwerken der Welt gehört. Er wurde 1898 als Luxushotel errichtet und später in ein griechisches Waisenhaus umgewandelt, das 1964 aufgegeben wurde. Heute verfällt das morsche Spukschloss von Jahr zu Jahr mehr.

Von Büyükada kann man im Hochsommer Ausflüge zur östlich gelegenen **Sedef Adası** unternehmen, einer Insel, die erst in den letzten Jahren besiedelt wurde. Die restlichen Eilande sind nicht viel mehr als aus dem Wasser ragende Felsen. Noch am bekanntesten ist die Insel **Yassıada** ➡ aE3, die nach Militärputschen immer wieder als Internierungslager diente. Eine traurige Geschichte verbirgt sich auch hinter **Sivriada** ➡ aE2/3, einem knapp 90 Meter aus dem Meer aufragenden Felsriff. Dort wurden 1910 alle streunenden Hunde Istanbuls ausgesetzt und ihrem Schicksal überlassen. ■

Vista Points – Sehenswertes

Museen, Moscheen, Kirchen und Synagogen, Architektur und andere Sehenswürdigkeiten

Museen

Archäologischer Park/Sultanahmet Arkeolojik Parkı ➡ H7
Ayasofya Meydanı
Sultanahmet
Straßenbahn T1: Sultanahmet
Eröffnung voraussichtlich 2013, Öffnungszeiten, Eintrittspreise waren zum Zeitpunkt der Drucklegung noch nicht bekannt.
Der Archäologische Park nimmt eine Fläche von 17 000 m² ein. Grabungsarbeiten brachten hier mehrere tausend Bruchstücke aus römischer, byzantinischer und osmanischer Zeit zum Vorschein. Die freigelegten Fundamente und Mauern stammen unter anderem aus dem 4. bis 11. Jh., als sich von hier bis zum Marmarameer die kaiserlichen Palastanlagen erstreckten.

❷ **Archäologisches Museum/ Arkeoloji Müzesi** ➡ G7/8
Osman Hamdi Bey Yokuşu Sokak
Gülhane
Straßenbahn T1: Gülhane
✆ (02 12) 520 77 40
www.istanbularkeoloji.gov.tr
Tägl. außer Mo 9–19, im Winter bis 18 Uhr, Eintritt TL 10
Das Museum verteilt sich auf mehrere Gebäude, dazu gehören die **Altorientalische Abteilung** mit Funden aus Hattuşa, Ninive, Ägypten und anderen Orten des einstigen Osmanischen Reichs. Im sogenannten **Fayencenschlösschen** (Çinili Köşk) werden Fayencen aus verschiedenen Epochen präsentiert. Zu den Highlights zählt der Alexandersarkophag aus dem 4. Jh. v. Chr. im **Hauptgebäude**. Im **Neubau** findet man u. a. Funde aus dem Stadtgebiet Istanbuls.

Die Mosaiken und Fresken der Chora-Kirche zählen zu den schönsten Beispielen der byzantinischen Kunst des 14. Jahrhunderts

Museen

Atatürk-Museum/
Atatürk Müzesi ➜ nördl. A8
Halaskargazi Caddesi 140, Şişli
Metro M2: Osmanbey
✆ (02 12) 240 63 19
www.ataturk.net
Di–Sa 9–16 Uhr
Eintritt frei
Das rosafarbene Zuckertortenhäuschen befindet sich im lebhaften Stadtteil Şişli nördlich des Taksim-Platzes. Staatsgründer Atatürk verbrachte hier einige Monate zwischen 1918 und 1919. Dabei hinterließ er u. a. Uniformen und ein paar Handtücher.

Beylerbeyi-Palast/
Beylerbeyi Sarayı ➜ aC3
Çayırbaşı Caddesi, Beylerbeyi
Von Eminönü mit der Fähre nach Üsküdar, dann weiter mit Bus 15 bis Haltestelle Beylerbeyi, Sarayi
✆ (02 16) 321 93 20
www.millisaraylar.gov.tr
Di/Mi und Fr–So 9–17 Uhr, Mo und Do geschl., Eintritt TL 20
Sultan Abdül Aziz ließ das prächtige Palais 1861–65 als Sommerresidenz und Gästehaus errichten. Im Inneren bezaubern japanische und chinesische Vasen, böhmische Lüster, feine seidene Teppiche und vieles mehr. Nach der Besichtigung laden die Fischlokale von Beylerbeyi zu einer Pause ein.

⑩ Chora-Museum/
Kariye Müzesi ➜ C1
Kariye Camii Sokak, Edirnekapı
Von Eminönü mit Bus 336 E bis Haltestelle Acı Çeşme
✆ (02 12) 631 92 41
www.kariye.muze.gov.tr
Tägl. außer Mi 9–18 Uhr
Eintritt TL 15
Die Chora-Kirche gehört, obwohl weit außerhalb der touristisch interessanten Ecken in einem schlichten Wohnviertel gelegen, zu den größten Sehenswürdigkeiten der Stadt. Ihre Geschichte ähnelt der der Hagia Sophia: erst Kirche, dann Moschee, heute Mu-

Das Sterbezimmer Atatürks im Dolmabahçe-Palast

seum. Der von außen eher unauffällige Bau aus dem 11. Jh. lässt kaum vermuten, welche Pracht sich in seinem Inneren versteckt.

Die vielfarbig glänzenden Mosaiken und Fresken im Stil der paläologischen Renaissance (14. Jh.) zählen zu den bedeutendsten und schönsten Sakralzyklen weltweit. Jahrhundertelang waren sie unter dickem Putz verschwunden, erst Mitte des 20. Jh. legte man sie frei und restaurierte die Szenen der biblischen Geschichte von den Vorfahren Jesu bis zum Weltgericht. So sieht man u.a. Christus als Pantokrator, den gesamten Zyklus aus dem Leben der gebenedeiten Jungfrau Maria, Josef und Maria bei der Volkszählung und und und…

Nach der Kirchenbesichtigung lohnt das dem Kariye Oteli angeschlossene **Restaurant »Asithane«** in der Nachbarschaft wegen seiner guten osmanischen Küche einen Besuch.

Dolmabahçe-Palast/
Dolmabahçe Sarayı ➜ B10/11
Dolmabahçe Caddesi, Beşiktaş

Vista Points

Von Eminönü mit Bus 25 E
✆ (02 12) 327 26 26
Di/Mi und Fr–So 9–16, im Winter bis 15 Uhr, Mo und Do geschl.
Eintritt Selamlık-Tour TL 30, Harem-Tour TL 20

Den Palast gab Sultan Abdül Mecit I. Mitte des 19. Jh. in Auftrag, weil ihm der Topkapı-Palast nicht mehr zeitgemäß erschien. Obwohl man das Osmanische Reich zu jener Zeit schon als »Kranken Mann am Bosporus« bezeichnete, schien Geld keine Rolle zu spielen. So wurden für die Dekoration des weißen Marmorpalais insgesamt mehr als 14t Gold und 40t Silber verarbeitet.

Der Dolmabahçe-Palast ist nur mit Führung zu besichtigen, zwei stehen zur Auswahl. Die 60-minütige, sogenannte Selamlık-Tour führt durch den Empfangstrakt mit einem majestätischen, 40x45m großen, überkuppelten Festsaal und etlichen weiteren, feudal ausgestatteten Salons. Die kürzere Tour konzentriert sich auf den Harem. Dabei wird man auch in jenes Zimmer geleitet, in dem Atatürk am 10. November 1938 im Alter von 57 Jahren verstarb.

Ehemalige Marienkirche Pammakaristos/Fethiye Camii ➔ D2
Fethiye Caddesi, Fener
Von Eminönü mit Bus 90
✆ (02 12) 522 17 50
Tägl. außer Mi 9–19, im Winter bis 16.30 Uhr, Eintritt TL 5

Aus der vermutlich im 10. Jh. errichteten »Marienkirche der vollkommen Glücklichen«, die auch vorübergehend Sitz des Griechisch-Orthodoxen Patriarchats war, wurde 1591 die »Moschee der Eroberung«. Besonders sehenswert ist die heute als Museum zugängliche Grabkapelle für den General Michael Glabas (gestorben 1304) und dessen Familie. Dort brachten aufwändige Restaurierungsarbeiten herrliche Mosaiken aus dem 14. Jh. zutage.

Elgiz Museum für zeitgenössische Kunst/Elgiz Çağdaş Sanat Müzesi ➔ aC3
Meydan Sokak Beybi Giz Plaza B Blok, Maslak
Metro M2: İTÜ Ayazağa
✆ (02 12) 290 25 25
www.proje4l.org
Mi–Fr 10–17, Sa 10–16 Uhr
Eintritt frei

Das private Museum beruht auf der erstaunlichen Sammlung des Gründers und Architekten Can Elgiz und seiner Frau Sevda. Die junge türkische Avantgarde (zum Beispiel Abdurrahman Öztoprak und Ahmed Oran) wird dabei internationalen Kunstgrößen (zum Beispiel Gilbert & George) gegenübergestellt.

Europäische Festung/ Rumeli Hisarı ➔ aC3
Yahya Kemal Caddesi
Rumeli Hisarı
Von Kabataş mit Bus 25 E bis Haltestelle Rumeli Hisarı
✆ (02 12) 263 53 05
Tägl. außer Mi 9–16.30 Uhr
Eintritt TL 5

1452, als das Byzantinische Reich gerade noch aus seiner Hauptstadt Konstantinopel bestand, ließ Mehmet der Eroberer die Festung an der engsten Stelle des Bosporus errichten. Auch am gegenüberliegenden asiatischen Ufer baute er ein Kastell, das Anadolu Hisarı. Dadurch wurde der Bosporus für byzantinische Schiffe unpassierbar. Nach dem Fall der Stadt diente die Festung als Gefängnis, heute ist sie als Museum zugänglich.

❸ Hagia Sophia/ Aya Sofya Müzesi ➔ G/H7
Ayasofya Meydanı, Sultanahmet
Straßenbahn T1: Sultanahmet
✆ (02 12) 522 17 50
www.ayasofyamuzesi.gov.tr
Tägl. außer Mo 9–18, im Sommer bis 19 Uhr, die Galerien schließen eine Stunde früher, Eintritt TL 25

Museen

Details des berühmten Deesis-Mosaiks in der Hagia Sophia: die Jungfrau Maria und...

...Christus als Pantokrator, als Weltenherrscher

Die 552–557 errichtete Kirche war bis zur Fertigstellung des Petersdoms in Rom die größte der Welt. Nach dem Fall Konstantinopels wurde sie in eine Moschee umgewandelt, seit 1934 dient sie als Museum.

**Ibrahim-Pascha-Palast/
Museum für türkische und islamische Kunst
İbrahim Paşa Sarayı/Türk ve Islam Eserleri Müzesi** ➡ H7
At Meydanı, Sultanahmet
Straßenbahn T1: Sultanahmet
✆ (02 12) 518 18 05
www.tiem.gov.tr
Tägl. außer Mo 9–18.30 Uhr
Eintritt TL 10
Der 1524 unter Großwesir Ibrahim Paşa errichtete Palast galt als einer der größten des Osmanischen Reichs. Heute präsentiert man hier islamische Kunst aus dem 7. bis 20. Jh. Zu sehen sind feine Kunsthandwerksarbeiten, Koranhandschriften, wertvolle Teppiche usw. Angeschlossen ist eine ethnographische Abteilung.

**Industriemuseum/
Rahmi M. Koç Müzesi** ➡ A3
Hasköy Caddesi 5, Hasköy
Von Eminönü mit Bus 47
✆ (02 12) 369 66 00
www.rmk-museum.org.tr
Di–Fr 10–17, Sa/So 10–18 (im Sommer bis 20) Uhr, Eintritt TL 12,50
Dem Unternehmer Rahmi M. Koç ist dieses Museum zu verdanken, das Erwachsene wie Kinder begeistert. In der alten, schön restaurierten Werft gibt es auf 11 000 m² unter anderem Eisenbahnwaggons, Flugzeuge, Oldtimer und selbst ein amerikanisches U-Boot aus dem Zweiten Weltkrieg zu bewundern.

İstanbul Modern ➡ D8
Meclis-i Mebusan Caddesi Liman İşletmeleri Sahası Antrepo No: 4 Karaköy
Straßenbahn T1: Tophane
✆ (02 12) 334 73 00
www.istanbulmodern.org
Tägl. außer Mo 10–18, Do bis 20 Uhr, Eintritt TL 14
Das Museum, das 2004 in einer Lagerhalle aus dem 19. Jh. eröffnet wurde, bietet 8000 m² Ausstellungsfläche. Neben türkischer Kunst des 20. Jh., die in erster Linie aus der Sammlung des Unter-

nehmers und Museumsgründers Bülent Ezcacıbaşı stammt, werden spannende Wechselausstellungen internationaler Künstler präsentiert.

Kalligraphie-Museum/Türk Vakıf Hat Sanatları Müzesi ➡ G5
Beyazıt Meydanı, Beyazıt
Straßenbahn T1: Beyazıt-Istasyonu
☎ (02 12) 527 58 51
www.vgm.gov.tr
Das Museum war 2012 wegen Restaurierungsarbeiten geschl., wann es wiedereröffnet wird, war zum Zeitpunkt der Drucklegung noch nicht bekannt.
Das kleine Museum ist in der einstigen *Medrese* der Beyazıt-Moschee untergebracht. Zu sehen gibt es Kalligraphien auf Holz, Stoff oder Papier, zudem Koranausgaben aus dem 13.–16. Jh.

Küçüksu-Palast/Küçüksu Kasrı
➡ aC3
Von Eminönü mit dem Fährschiff bis Üsküdar, von dort weiter mit Bus 15 bis Haltestelle Küçüksu
☎ (02 16) 332 33 03
www.millisaraylar.gov.tr
Di/Mi und Fr–So 9–17 Uhr, Mo und Do geschl., Eintritt TL 5
Das 1856 errichtete, kleine Palais diente Sultan Abdül Mecit als Sommerresidenz. Heute ist es als Museum zugänglich, im Inneren des Palastes erwartet den Besucher Luxus pur.

Lindenpavillon/Ihlamur Kasrı
➡ nördl. A10
Ihlamur Teşvikiye Yolu, Teşvikiye
Von Eminönü mit Bus 26 bis Haltestelle Ihlamur
☎ (02 12) 258 89 03
www.millisaraylar.gov.tr
Di/Mi und Fr–So 9.30–17 Uhr, Mo und Do geschl., Eintritt TL 5
Den kleinen aber feinen Barockpalast ließ Sultan Abdül Mecit Mitte des 19. Jh. erbauen. Drum herum erstreckten sich damals noch Wälder und Parks, in denen die Sultane auf die Jagd gingen. Das Interieur ist weitgehend im Originalzustand erhalten. Auf dem Areal befindet sich zudem ein hübsches Sommercafé.

Marinemuseum/Deniz Müzesi
➡ A11
Beşiktaş Caddesi, Beşiktaş
Von Kabataş mit Bus 25 E bis Haltestelle Beşiktaş
☎ (02 12) 327 43 45
www.denizmuzeleri.tsk.tr
Mi–Fr 9–17, Sa/So 10–18 Uhr
Eintritt TL 4
Nahezu alles, was mit der Schifffahrt in Verbindung gebracht werden kann, wird hier ausgestellt: Navigationsinstrumente, Geschütze, Taucherausrüstun-

Ausstellung im Museum İstanbul Modern

Museen

gen, Logbücher, Seekarten u.v.m. Prunkstück des Museum ist das 40 m lange Boot von Mehmet IV. (1648–87) mit Platz für 144 Ruderer. Nach Fertigstellung des neuen Anbaus (voraussichtlich Anfang 2013) wird das Museum zu den größten der Türkei gehören.

**Mevlevi-Kloster/
Galata Mevlevihane** ➡ D6
Galipdede Caddesi 15, Galata
Straßenbahn T5: Tünel
✆ (02 12) 245 41 41
www.galatamevlevihanesimuzesi.gov.tr
Tägl. außer Mo 9–18, im Winter bis 16.30 Uhr
Eintritt 5 TL
Die »Bruderschaft der Tanzenden Derwische« geht zurück auf den in Nordafghanistan geborenen Mystiker Celaleddin Rumi (um 1200–73), der von seinen Anhängern Mevlana, »unser Meister«, genannt wurde. Er wirkte als Theologe am Hofe Sultan Keykobats im zentralanatolischen Konya. Über 650 Jahre lang hatte der Orden enormen Einfluss auf alle Schichten der Gesellschaft. Da er sich jedoch den säkularen Formen der neuen türkischen Republik widersetzte, wurde er 1925 verboten.

Das 1492 gegründete Kloster dient bereits seit 1946 als Museum. Im achteckigen, hölzernen Tanzhaus finden allwöchentlich Sufimusik-Konzerte mit eindrucksvollen Tanzdarbietungen statt (häufigere Vorstellungen im Hocapaşa-Kulturzentrum im Stadtteil Sirkeci, Auskünfte dazu über die Touristeninformationen). Dieser Wirbelreigen der Derwische, ein ritueller, ekstatischer Tanz, nennt sich im Türkischen *Sema*. Dabei drehen sich die Tänzer in ihrer wallenden Tracht in entgegengesetzter Richtung des Vortänzers um die eigene Achse, so dass ein bewegtes »Sternbild« entsteht.

Militärmuseum/Askeri Müzesi
➡ A8
Vali Konağı Caddesi, Harbiye
Metro M2: Osmanbey
✆ (02 12) 233 27 20
www.tsk.tr
Mi–So 9–17 Uhr, Eintritt TL 4
Das riesige Museum präsentiert seinen Fundus eher sachlich denn kriegsverherrlichend. Zu den Exponaten gehören unter anderem Waffen (Krummschwerter, Dolche, Gewehre, Lanzen etc.), Rüstzeug (Kettenhemden, Pferderüstungen, Feldherrenzelte etc.) und Gemälde. Interessant ist die Abteilung über den verlustreichen Stellungskrieg von Gallipoli. Nachmittags finden Mehter-Konzerte statt. Die Mehter-Kapelle zog einst als erste Militärkapelle der Welt mit den Sultanen in die Schlacht.

Mosaikenmuseum/Büyük Saray Mozaikleri Müzesi ➡ H7
Kabasakal Caddesi, Sultanahmet
Straßenbahn T1: Sultanahmet
✆ (02 12) 518 12 05
www.muze.gov.tr/mosaic
Tägl. außer Mo 9–16.30 Uhr
Eintritt TL 8
Highlight ist ein riesiges Bodenmosaik, das den »Großen Palast« schmückte, den byzantinischen Kaiserpalast, der sich einst von der heutigen Blauen Moschee bis zum Marmarameer erstreckte. Hauptmotive sind Tierfabeln, Jagdbilder, Szenen aus dem Landleben und der Mythologie.

Museum für Geschichte der Wissenschaft und Technologie im Islam/Istanbul Islam Bilim ve Teknoloji Tarihi Müzesi ➡ G8
Gülhane Parkı, Sultanahmet
Straßenbahn T1: Gülhane
✆ (02 12) 528 80 65
www.ibttm.org
Tägl. außer Di 9–16.30 Uhr
Eintritt TL 5
Das in ehemaligen Pferdeställen eingerichtete Museum wurde

Vista Points

»Janitscharen« der Mehter-Kapelle vor dem Militärmuseum

2008 eröffnet. Es informiert über wissenschaftliche und technologische Errungenschaften im islamischen Kulturkreis von ihren Anfängen bis in die jüngste Zeit. Behandelt werden Themen wie Astrologie, Nautik, Medizin, Botanik, Mathematik usw.

Museum der Osmanischen Bank/ Osmanlı Bankası Müzesi ➡ E6
Bankalar Caddesi 11, Karaköy
Straßenbahn T1, Tünel-Bahn: Karaköy
✆ (02 12) 334 22 00
www.obmuze.com
Di–Sa 12–18, So 10.30–18 Uhr
Eintritt frei
Das Gebäude der ehemaligen Osmanischen Bank aus dem Jahr 1892 dient heute als Zweigstelle der Türkischen Zentralbank. Im Erdgeschoss wurde ein Museum eingerichtet, das über das Bankwesen der osmanischen Epoche informiert.

Im selben Gebäude befindet sich auch die spannende Galerie **SALT Galata**.

Museum der Palastsammlungen/ Milli Saraylar Koleksiyonları Müzesi ➡ B10
Dolmabahçe Caddesi, Beşiktaş
Von Kabataş mit Bus 25 E
✆ (02 12) 227 66 71
www.millisaraylar.gov.tr
Tägl. außer Mo 9–17 Uhr
Eintritt TL 5
In den ehemaligen Küchen des Dolmabahçe-Serail werden unzählige kostbare Gegenstände aus dem großen Fundus der Istanbuler Sultanspaläste gezeigt. Zu den Exponaten gehören schöne alte Kachelöfen, Petroleumlampen, Glas und Geschirr, Möbel, Telefone, riesige Kerzenständer, kunstvoll gearbeitete Kacheln und vieles mehr.

Museum für Malerei und Skulptur/Resim ve Heykel Müzesi
➡ A10/11
Dolmabahçe Caddesi, Beşiktaş
Von Kabataş mit Bus 25 E
✆ (02 12) 261 42 98
Das Museum war 2012 wegen Restaurierungsarbeiten geschl., wann es wiedereröffnet wird, war zum Zeitpunkt der Drucklegung noch nicht bekannt.
Das im ehemaligen Kronprinzenpavillon des Dolmabahçe-Palasts untergebrachte Museum zeigt einen Querschnitt der türkischen Kunst des 19. und 20. Jh. Zwischen naiver Malerei und abstrakter Kunst sind alle Stilrichtungen vertreten.

Museen

Pera-Museum/Pera Müzesi
➡ C6
Meşrutiyet Caddesi 65
Beyoğlu
Historische Straßenbahn T5: Galatasaray
℡ (02 12) 334 99 00
www.peramuzesi.org.tr
Di–Sa 10–19, So 12–18 Uhr
Eintritt TL 10/5
Vom kosmopolitischen Pera, wie der Stadtteil Beyoğlu früher hieß, erfährt man in dem in einem prächtigen Stadtpalais untergebrachten Museum leider nichts. Die Dauerausstellungen beschäftigen sich unter anderem mit der Kachelkunst der westanatolischen Stadt Kütahya und alten Maßen und Gewichten. Im Mittelpunkt der wechselnden Ausstellungen steht moderne Kunst.

Sadberk-Hanım-Museum/Sadberk Hanım Müzesi ➡ aB3
Büyükdere Piyasa Caddesi 27–29
Büyükdere
Von Kabataş mit Bus 25 E bis Haltestelle Büyükdere Mah./Adliye
℡ (02 12) 242 38 13
www.sadberkhanimmuzesi.org.tr
Tägl. außer Mi 10–17 Uhr
Eintritt TL 7
Das ansprechende Museum ist der Sammelleidenschaft Sadberk Hanıms, der Gattin des Großindustriellen Vehbi Koç, zu verdanken. Die Exponate sind auf zwei schöne alte Holzvillen verteilt: Silberarbeiten, Porzellan, Schmuck, Kleidung, zudem archäologische Funde wie anatolische Keramik aus der Bronzezeit oder Goldschmuck aus der römischen Epoche.

Sakıp-Sabancı-Museum/Sakıp Sabancı Müzesi ➡ aC3
Sakıp Sabancı Caddesi 42
Emirgân
Von Kabataş mit Bus 25 E bis Haltestelle Çınaraltı
℡ (02 12) 277 22 00
http://muze.sabanciuniv.edu
Tägl. außer Mo 10–18, Mi bis 20 Uhr, Eintritt TL 12
Der kunstinteressierte Unternehmer Sakıp Sabancı (1933–2004) entstammte einer der reichsten Familien der Türkei. Ab 1990 baute er in seiner einstigen Sommerresidenz nach dem Vorbild der New Yorker Frick Collection das wohl beste Privatmuseum der Stadt auf. Der Schwerpunkt liegt auf osmanischer Kunst (darunter über 400 meisterhaft gearbeitete Kalligraphien), zudem werden internationale Wanderausstellungen präsentiert.

Şale-Pavillon/Şale Köşkü
➡ nördl. A12
Yıldız-Park, Çırağan Caddesi
Beşiktaş
Von Kabataş mit Bus 25 E
℡ (02 12) 259 89 77
www.millisaraylar.gov.tr
Di/Mi und Fr–So 9.30–16.30 Uhr, Mo und Do geschl.
Eintritt TL 10
Das zweistöckige Holzschlösschen im grünen Yıldız-Park ließ Sultan Abdül Hamit II. im späten 19. Jh. als Luxusunterkunft für seinen »Amigo« Kaiser Wilhelm II. errichten. 1895 wurde hier die Allianz zwischen Deutschland und dem Osmanischen Reich geschlossen.

Das prunkvolle Originalinterieur ist größtenteils noch erhalten, so ein 7,5 t (!) schwerer Hereke-Teppich im Empfangssaal, der ausgelegt werden musste, bevor man die Außenmauern hochzog.

Santral İstanbul ➡ aC2
Kazım Karabekir Caddesi 2/6
Eyüp
Von Eminönü mit Bus 99 bis Haltestelle Silahtar Ağa Caddesi
℡ (02 12) 311 78 78
www.santralistanbul.org
Tägl. außer Mo 10–18 Uhr
Eintritt TL 15/5
Das Kunstmuseum ist untergebracht in einem umgebauten Elektrizitätswerk aus dem frühen

Vista Points

20. Jh. Wechselnde Ausstellungen widmen sich der innovativen türkischen Kunstszene, aber auch der Architektur und Stadtentwicklung. Ein Bereich des alten, 1983 aufgegebenen E-Werkes wurde zudem als interaktives Energiemuseum umgestaltet.

❶ Topkapı-Palast/
Topkapı Sarayı ➙ F/G7/8
Sarayburnu, Sultanahmet
Straßenbahn T1: Sultanahmet
✆ (02 12) 512 04 80
www.topkapisarayi.gov.tr
Tägl. außer Di 9–19, im Winter bis 17 Uhr
Eintritt TL 25, Harem TL 15 extra
Für den alten Sultanspalast sollte man sich Zeit nehmen. Neben dem **Harem** gibt es etliche Sammlungen zu besichtigen, wie die **Sammlung des Heiligen Mantels des Propheten** (Hırka-i Saadet Dairesi) und die **Schatzkammer** (Hazine). In der Sammlung des Heiligen Mantels des Propheten werden überaus wertvolle Reliquien aufbewahrt: neben dem Mantel Mohammeds sein Handsiegel, seine beiden Schwerter, einer seiner Zähne und ein paar seiner Barthaare. In der Schatzkammer kann man u.a. den sogenannten »Löffler-Diamant«, den mit 86 Karat fünftgrößten Diamanten der Welt, sehen. Weitere Highlights sind der mit mehr als 20 000 Perlen geschmückte »Ismail-Thron« und der »Topkapıdolch« aus dem 18. Jh., dem weltberühmten Star aus dem Film »Topkapı« mit Peter Ustinov. Der Dolch ist über und über mit Smaragden und Diamanten besetzt.

In den ehemaligen **Palastküchen** kann man heute eine Porzellankollektion bewundern. Der Schwerpunkt liegt auf chinesischem Porzellan, das über die Seidenstraße an den Bosporus gelangte. Außerdem beherbergen die Palastküchen altes Silber, Glas und einstige Küchenutensilien.

**Yedikule-Kastell/
Yedikule Müzesi** ➙ aD2
Yedikule Meydanı Sokak
Yedikule
Vom Bahnhof Sirkeci mit der Vorortbahn Banliyö Treni bis Station Yedikule
✆ (02 12) 585 89 33
www.yedikule.com
Tägl. 8.30–17 Uhr
Eintritt TL 10
Die byzantinische Festung am südlichen Ende der Theodosianischen Landmauer hatte einst nur vier Türme, drei weitere (*yedi*

Die Hagia-Eirene-Kirche aus dem 4. Jh. auf dem Gelände des Topkapı Sarayı

Museen · Moscheen, Kirchen und Synagogen

kule = sieben Türme) kamen kurz nach der osmanischen Eroberung hinzu. In osmanischer Zeit diente das Kastell als Gefängnis und Hinrichtungsort, heute als Museum mit phantastischen Ausblicken, von denen schon Lord Byron (1788–1824) schwärmte: »Mir ist kein Werk der Natur vor Augen gekommen, das auf mich den gleichen Eindruck machte wie die Aussicht von beiden Seiten der Sieben-Türme-Festung.«

Yıldız-Palast/Yıldız Sarayı
➡ nördl. A12
Yıldız Caddesi, Beşiktaş
Von der Fähranlegestelle in Beşiktaş in ca. 20 Fußminuten entlang dem Barbaros Bulvarı zu erreichen; kein Zugang vom Yıldız-Park!
✆ (02 12) 258 30 80
Tägl. außer Di 9.30–16 Uhr
Eintritt TL 7
Der weitläufige Komplex geht zurück auf Sultan Abdül Hamit II. (1876–1908), dem sich auch das Palastmuseum in aller Ausführlichkeit widmet. Gezeigt werden persönliche Gegenstände des Despoten wie sein Schwert und seine Kutsche, zudem kann man seine private Schreinerwerkstatt besichtigen. Höhepunkt der Tour ist das Palasttheater, das einzige bis heute noch existierende seiner Art in der Türkei.

Zülfaris-Synagoge/ Zülfaris Synagoga
Museum der türkischen Juden/ Türk Musevileri Müzesi ➡ E6
Karaköy Meydanı Perçemli Sokak Karaköy
Straßenbahn T1, Tünel-Bahn: Karaköy
✆ (02 12) 292 63 33
www.muze500.com
Mo–Do 10–16, Fr und So 10–14 Uhr, Sa geschl., Eintritt TL 10/5
Das in einer ehemaligen Synagoge untergebrachte Museum bietet spannende Einblicke in die

Im Türbengarten der Beyazıt-Moschee (Beyazıdiye Camii)

Geschichte der Juden auf osmanischem und später türkischem Boden. Vorgestellt werden religiöse Riten, das türkisch-jüdische Pressewesen, prominente Juden des Landes usw.

Moscheen, Kirchen und Synagogen

Ahrida-Synagoge/ Ahrida Sinagoga ➡ C2
Kürkçü Çeşme Sokak, Balat
Von Eminönü mit Bus 99 A bis Haltestelle Balat
Für die Besichtigung der Synagoge benötigt man, wie für die meisten noch heute genutzten Synagogen Istanbuls, eine Genehmigung; Informationen dazu unter: www.turkyahudileri.com. Dieses, etwas umständliche Prozedere ist eine Vorsichtsmaßnahme, mit der weitere schreckliche Terroranschläge auf Istanbuler Synagogen wie in den Jahren 1986 und 2003 verhindert werden sollen.
Die Ahrida-Synagoge aus dem 15. Jh. gilt als die schönste Synagoge der Stadt. Die *Teva*, eine Art Gebetskanzel, ähnelt einem Schiffsbug und soll an die Schiffe erinnern, mit denen über 100 000 sephardische Flüchtlinge ins Osmanische Reich kamen.

Vista Points

**Beyazıt-Moschee/
Beyazıdiye Camii** ➡ G5
Beyazıt Meydanı
Beyazıt
Straßenbahn T1: Beyazıt-Istasyonu
Außerhalb der Gebetszeiten zugänglich, Eintritt frei
Sie ist die älteste noch heute bestehende Sultansmoschee Istanbuls und entstand 1506 für Beyazıt II. Hingucker sind die marmorne Sultansloge und der quadratische Vorhof mit einem eleganten Reinigungsbrunnen.

**❺ Blaue Moschee/
Sultanahmet Camii** ➡ H7
Sultanahmet Meydanı
Sultanahmet
Straßenbahn T1: Sultanahmet
Tägl. 9–12.15, 14–16.15 und 17.15–18.15 Uhr (Fr 11–14.30 Uhr geschl.)
Eintritt frei
Im Auftrag von Sultan Ahmet I. wurde ab 1609 die Blaue Moschee errichtet, einer der schönsten Sakralbauten der Welt mit einer mächtigen, 43 m hohen Hauptkuppel und einem Durchmesser von 22 m.

**Eyüp-Sultan-Moschee/
Eyüp Sultan Camii** ➡ A1
Camii Kebir Caddesi
Eyüp
Von Eminönü mit dem Fährschiff zu erreichen
Tägl. 8–16.30 Uhr
Eintritt frei
1458 von Mehmet dem Eroberer errichtet; der heutige Bau stammt aus dem Jahr 1800, nachdem ein Erdbeben den Vorgängerbau zerstört hatte.

Griechisch-orthodoxes Patriarchat/Ortodoks Patrikhanesi
➡ D3
Sadrazam Ali Paşa Caddesi
Fener
Von Eminönü mit dem Fährschiff zu erreichen
✆ (02 12) 531 96 70
www.patriarchate.org
Kirche tägl. 8–16.30 Uhr
Bibliothek nur mit Genehmigung (Anfragen unter ✆ 02 12-531 96 71, Fax 02 12-531 90 14)
Eintritt frei
Der Patriarch von Konstantinopel, Bartholomäus I. (seit 1991), steht zwar der gesamten orthodoxen Christenheit symbolisch vor, die bedeutendsten, dem Patriarchat zugehörigen Diözesen finden sich heutzutage aber in Griechenland, vor allem im östlichen Landesteil um Thessaloniki und auf der Inselgruppe Dodekanes.

In der **Patriarchatskirche Hagios Georgios** (18. Jh.) sind sehenswerte Mosaiken, Ikonen und Madonnenbilder zu besichtigen. Zudem werden hier die Gebeine der hl. Euphemia von Chalcedon, der Schutzpatronin der Schneiderinnen, aufbewahrt. Die dem Patriarchat angegliederte **Bibliothek** hat leider weite Teile ihres Bestandes an die Athosklöster abgegeben.

Kuppelblick ins Blaue: die Neue Moschee (Yeni Cami) vorn und die Beyazıt-Moschee an der Westseite des Großen Basars im Hintergrund

Moscheen, Kirchen und Synagogen

**Kalenderhane-Moschee/
Kalenderhane Camii** ➡ G4
16 Mart Şehitleri Caddesi, Vefa
Von Eminönü mit Bus 32 bis zum Valens-Aquädukt, danach zu Fuß weiter
Außerhalb der Gebetszeiten zugänglich, Eintritt frei
Der Sakralbau, eigentlich eine byzantinische Kreuzkuppelkirche aus dem 12. Jh., wurde nach dem Fall Konstantinopels zur Moschee und anschließend dem Derwischorden der Kalenderiye zur Verfügung gestellt. Der christliche Dekor von einst lässt sich noch an den marmorverzierten Wänden finden.

**Kılıç-Ali-Pascha-Moschee/
Kılıç Ali Paşa Camii** ➡ D7
Necatibey Caddesi, Tophane
Straßenbahn T1: Tophane
Außerhalb der Gebetszeiten zugänglich, Eintritt frei
Die von Sultan Selim II. im Jahr 1580 gestiftete Moschee ist wie viele andere bedeutenden Moscheen der Stadt ein Werk des großen Baumeisters Sinan. Der Architekt kopierte hier den Gewölbeaufbau der Hagia Sophia. Nur ein paar Schritte östlich der Moschee stehen der **Tophane-Brunnen** (Tophane Çeşmesi), einer der schönsten Barockbrunnen Istanbuls, und, ihm gegenüber, die alte **osmanische Kanonengießerei** (Tophane). In dem unübersehbaren Backsteinbau finden heute gelegentlich Kunstausstellungen statt. Spaziert man von dort für ca. fünf Minuten entlang der Necatibey Caddesi gen Osten, gelangt man zur **Nusretiye-Moschee** (Nusretiye Camii), einer verschnörkelt-zierlichen Barockmoschee aus dem 19. Jh.

Kirche der Hl. Maria der Mongolen/Kanlı Kilise ➡ D3
Firketici Sokak, Fener
Von Eminönü mit dem Fährschiff, dann zu Fuß weiter

Liturgiefeier des Ökumenischen Patriarchen von Konstantinopel, Bartholomäus I., in der Patriarchatskirche Hagios Georgios

Tagsüber stets zugänglich (klingeln), Eintritt frei
Seit ihrer Einweihung im 13. Jh. wird diese Kirche ununterbrochen von der griechisch-orthodoxen Gemeinde genutzt. Ihr Name geht auf Maria Mouchliotissa zurück, eine illegitime Tochter Kaiser Michaels VII., die mit dem Mongolen Khan Abagu verheiratet war. Im Inneren sieht man ein schönes Miniaturmosaik der Muttergottes, dazu mehrere byzantinische Fresken und Ikonen.

**Molla-Zeyrek-Moschee/
Molla Zeyrek Camii** ➡ E/F4
(Ehem. Pantokrator-Kirche)
Ibadethane Sokak, Zeyrek
Von Eminönü mit Bus 32 bis zum Valens-Aquädukt, dann zu Fuß weiter
Außerhalb der Gebetszeiten zugänglich, Eintritt frei
Die Moschee liegt im malerisch-morbiden Viertel Zeyrek. Vor der Einnahme der Stadt durch Mehmet II. (1453) diente sie als Kirche. Entstanden in der ersten Hälfte des 12. Jh. gehörte sie zu einer der größten Klosteranlagen der Stadt mit über 700 Mönchen.

Übrig blieben ein paar herrliche, teilweise unter Teppichen versteckte Mosaiken.

Moschee Mehmets des Eroberers/Fatih Camii ➡ E/F3
Macar Kardeşler Caddesi, Fatih
Von Eminönü mit Bus 32 bis Haltestelle Fatih
Außerhalb der Gebetszeiten zugänglich, Eintritt frei

Dem riesigen Moscheenkomplex, den Mehmet der Eroberer kurz nach der Eroberung Konstantinopels (1453) in Auftrag gab, musste eine byzantinische Kirche weichen. Ursprünglich erstreckte sich die von Architekt Atik Sinan projektierte Anlage über eine Fläche von über 90 000 m².

Angegliedert waren unter anderem eine Armenküche, eine Bibliothek und acht *Medresen*. Nachdem weite Teile des Komplexes 1766 von einem Erdbeben zerstört worden waren, wurde die Moschee im Stil des türkischen Barock wieder aufgebaut. An ihre einstige Pracht konnte sie jedoch nie mehr anknüpfen.

Neue Moschee/Yeni Cami ➡ F6
Yeni Cami Meydanı, Eminönü
Straßenbahn T1: Eminönü
Außerhalb der Gebetszeiten zugänglich, Eintritt frei

Moscheen

Den klassischen islamischen Sakralbau betritt man für gewöhnlich über einen Vorhof *(Avlu)*, in dem an einem Reinigungsbrunnen *(Şadırvan)* die rituellen Waschungen vor dem Gebet vorgenommen werden. Zur Grundausstattung des mit Teppichen ausgelegten Inneren gehören eine Gebetsnische *(Mihrab)*, die stets in Richtung Mekka weist, eine Kanzel für die Freitagspredigt *(Minbar)* und ein Stuhl oder eine Art Thron *(Kürsü)*, von dem der Vorbeter *(Imam)* Passagen aus dem Koran verliest.

Männer und Frauen beten getrennt, stets jedoch Richtung Mekka. Zum Gebet schallt aus den Lautsprechern der Minarette fünfmal am Tag der Ruf des Muezzin. Moscheen können von Nichtmuslimen problemlos besucht werden. Allerdings sollten Herrenbeine und -arme nicht entblößt, der Rock der Dame mindestens knielang, ihr Kopf (Kopftuch!) und die Oberarme bedeckt sein. Vor dem Betreten der Moschee zieht man die Schuhe aus.

Freitagsgebet in der Beyazıt-Moschee (Beyazıdiye Camii)

Moscheen, Kirchen und Synagogen

Die 1663 erbaute Moschee wurde nur deshalb »neu« genannt, weil sie eine ältere Brandruine ersetzte. Sie bereichert zwar die Silhouette des Stadtteils, ist im Inneren aber nicht sonderlich spannend.

Nuruosmaniye-Moschee/ Nuruosmaniye Camii ➡ G6
Vezirhanı Caddesi
Çemberlitaş/Beyazıt
Straßenbahn T1: Çemberlitaş
Außerhalb der Gebetszeiten zugänglich, Eintritt frei
Die lichtdurchflutete, wuchtige Einkuppel-Moschee am Ostausgang des Großen Basars (18. Jh.) war als erste Moschee der Stadt architektonisch am europäischen Barockstil orientiert. Dem Hof fehlt – einzigartig am Bosporus – der klassische Reinigungsbrunnen.

Prinzen-Moschee/Şehzade Camii ➡ G4
Şehzadebaşı Caddesi
Saraçhane
Von Eminönü mit Bus 32
Außerhalb der Gebetszeiten zugänglich, Eintritt frei
Die Moschee gilt als erstes großes Werk des Baumeisters Sinan, Süleyman der Prächtige stiftete sie 1545 zu Ehren seines liebsten, jung verstorbenen Sohnes, des Prinzen Mehmet. Der Prinz wurde in einer *Türbe* im Mausoleengarten beigesetzt.

Rüstem-Pascha-Moschee/ Rüstem Paşa Camii ➡ F6
Ecke Uzun Carşı und Kutucular Caddesi, Eminönü
Straßenbahn T1: Eminönü
Außerhalb der Gebetszeiten zugänglich, Eintritt frei
Auftraggeber der 1561 fertiggestellten Moschee war Großwesir Rüstem Paşa, Architekt wieder einmal der große Baumeister Sinan. Das Innere der Gebetsstätte ist reich mit Fayencen ausgeschmückt. Im kuppelartigen Un-

Im Innenhof der Neuen Moschee (Yeni Cami)

terbau sind kleine Läden untergebracht.

Sergius-und-Bacchus-Kirche/ Küçük Ayasofya Camii ➡ J6
Küçük Ayasofya Caddesi, Kadırga/ Sultanahmet
Straßenbahn T1: Sultanahmet
Außerhalb der Gebetszeiten zugänglich, Eintritt frei
Der Sakralbau wurde 527 errichtet und Anfang des 16. Jh. in eine

Gläubige im stillen Gebet in der Rüstem-Pascha-Moschee

Vista Points

Moschee umgewandelt. Die Türken nennen sie »Kleine Hagia Sophia« – eine Bezeichnung, die jedoch recht weit hergeholt scheint. An einigen Kapitellen sind noch Monogramme des Bauherrn Justinian und seiner Frau Theodora zu erkennen.

Sokullu-Mehmed-Pascha-Moschee/Sokullu Mehmet Paşa Camii ➡ H6
Şehit Çeşmesi Sokak
Kadırga/Sultanahmet
Straßenbahn T1: Sultanahmet
Außerhalb der Gebetszeiten zugänglich, Eintritt frei
Die 1572 unter dem Großwesir Sokullu Mehmed Pascha errichtete Moschee zählt zu den schönsten kleineren Gebetsstätten des Baumeisters Sinan. Ihr türkisblauer Fayencenschmuck ist herrlich.

Süleymaniye-Moschee/Süleymaniye Camii ➡ F5
Prof. Sıddık Sami Onar Caddesi
Süleymaniye/Eminönü
Straßenbahn T1: Eminönü
Außerhalb der Gebetszeiten zugänglich, Eintritt frei
Die würdevoll das Goldene Horn überblickende Moschee aus der Mitte des 16. Jh. gilt als Sinans Meisterwerk; sieben Jahre bastelte er daran herum. Benannt wurde sie nach ihrem Stifter Süleyman dem Prächtigen.

Der Gebetsraum misst 3500 m², darüber erhebt sich die 27 m breite Hauptkuppel. Für das lichtdurchflutete Innere sorgen 138 farbige Fenster. Den *Mihrab* schmücken feine Fayencen aus Iznik, einem Städtchen südöstlich von Istanbul, das bis heute für seine Kachelkunst berühmt ist.

Innenraum der Süleymaniye-Moschee

Architektur und andere Sehenswürdigkeiten

Von der Terrasse der Moschee genießt man herrliche Ausblicke über die Stadt. Im Mausoleengarten stehen die prächtig ausgeschmückten *Türben* von Süleyman dem Prächtigen und seiner Gattin Roxelane. Architekt Sinan ruht etwas abseits des Komplexes an der Mimar Sinan Caddesi in einer schlichten, von ihm selbst entworfenen *Türbe*.

Sultan-Selim-Moschee/
Sultan Selim I. Camii ➡ D3
Yavuz Selim Caddesi, Fener
Von Eminönü mit dem Fährschiff bis Fener, dann zu Fuß weiter
Außerhalb der Gebetszeiten zugänglich, Eintritt frei
Die 1522 erbaute Moschee widmete Süleyman der Prächtige seinem Vater Selim I., der den Beinamen *Yavuz* (= der Grausame) trug. Heute ruht der Grausame in einer *Türbe* im Moscheengarten. Die Moschee selbst, ein einfacher Kuppelbau, ist mit herrlichen Fayencen geschmückt. Von ihrer Terrasse genießt man traumhafte Ausblicke auf das Goldene Horn.

Orientalische Spezereien im Ägyptischen Basar: Safran, Zimt, Anis...

Tulpenmoschee/Laleli Camii
➡ G4
Ordu Caddesi, Laleli
Straßenbahn T1: Laleli
Außerhalb der Gebetszeiten zugänglich, Eintritt frei
Das Meisterwerk des osmanischen Barock (1763) befindet sich inmitten des quirligen Viertels Laleli mit seinen unzähligen Hotels und Bekleidungsgeschäften, in denen vorrangig Osteuropäer auf Schnäppchenjagd gehen. Das Innere präsentiert sich überaus prächtig, über 100 Ornamentglasfenster tauchen es in ein buntes Licht.

Unterirdische Moschee/
Yeraltı Camii ➡ E7
Kemankeş Caddesi, Karaköy
Straßenbahn T1, Tünel-Bahn: Karaköy
Außerhalb der Gebetszeiten zugänglich, Eintritt frei
Die eigenwillige Moschee wurde Mitte des 18. Jh. in einem ehemaligen byzantinischen Verlies eingerichtet. Die Atmosphäre – es geht recht eng und dunkel zu – ist ziemlich geheimnisvoll.

Architektur und andere Sehenswürdigkeiten

❻ Ägyptischer Basar/
Mısır Çarşısı ➡ F6
Eminönü
Straßenbahn T1: Eminönü
Tägl. 8–19 Uhr
Den Namen »Ägyptischer Basar« erhielt das aus dem 17. Jh. stammende Gebäude, weil es mit Steuergeldern aus Ägypten finanziert wurde. Schon treffender ist heute sein Zweitname »Gewürzbasar«. Der verführerisch duftende Markt lässt Augen und Nase Karussell fahren: Säcke mit orientalischen Spezereien, Tee und Kaffee, dazu Käse, Naschwerk, Kaviar aus dem Aserbaidschan und, und, und... Selbst Aphrodisiaka mit bizarren Inhaltsstoffen sind zu haben.

Vista Points

At Meydanı ➡ H7
(»Pferdeplatz«/ehemaliges Hippodrom)
Sultanahmet
Straßenbahn T1: Sultanahmet

Der begrünte Platz im Zentrum von Sultanahmet erstreckt sich heute über jene Fläche, die in byzantinischer Zeit das Hippodrom einnahm, eine gigantische Pferderennbahn. Sie wurde im Jahr 203 unter Septimius Severus errichtet, die Tribünen fassten rund 100 000 Zuschauer. Da das Hippodrom der einzige Ort war, an dem Volk und Herrscher zusammentrafen, kam es hier immer wieder zu blutigen Aufständen. Vom Hippodrom blieben lediglich zwei Obelisken und eine Säule übrig, um die die Pferde hetzten. Am südlichen Ende des At Meydanı steht der **Obelisk Konstantins VII. Porphyrogennetos**, benannt nach dem Kaiser, der den Obelisken im 10. Jh. restaurieren ließ. Amateurakrobaten der letzten Jahrhunderte sind schuld daran, dass sein Zustand heute so schlecht ist.

Wenige Meter weiter windet sich die rund 2500 Jahre alte **Schlangensäule** empor. Bevor sie Kaiser Konstantin im 4. Jh. nach Istanbul bringen ließ, stand sie in Delphi. Die Köpfe der drei ineinander verdrehten Schlangen fehlen, der Oberkiefer eines Kopfes ist im Archäologischen Museum ausgestellt. Nördlich davon kann man das älteste Monument auf

Der mosaikengeschmückte Kaiser-Wilhelm-Brunnen am nördlichen Ende des ehemaligen Hippodrom

Architektur und andere Sehenswürdigkeiten

dem Boden Istanbuls bewundern, den **Ägyptischen Obelisken**, der 1500 Jahre mehr als unsere Zeitrechnung auf dem Buckel hat. Warum man den damals 800 t schweren Klotz im 4. Jh. nach Konstantinopel schaffte, ist ein Rätsel.

Das nördliche Ende des Platzes dominiert der **Kaiser-Wilhelm-Brunnen**, der mit dem antiken Hippodrom rein gar nichts zu tun hat. Der mosaikgeschmückte Brunnen war ein Geschenk der Deutschen an Sultan Abdül Hamit II.

Händler im Großen Basar

Belgrader Wald/Belgrat Ormanı ➡ aB2

Von Taksim mit Bus 42 T bis Haltestelle Bahçeköy
Der ideale Ort für ein ausgiebiges Sonntagspicknick. Der riesige, quellenreiche Buchen- und Eichenwald im Norden Istanbuls (europäische Seite) ist ein beliebtes Naherholungsziel. Bereits in byzantinischer Zeit war der Wald für die Wasserversorgung der Stadt wichtig, noch heute zeugen alte Dämme und Aquädukte davon.

Galataturm/Galata Kulesi ➡ D6

Büyük Hendek Sokak, Galata
Straßenbahn T1, Tünel-Bahn: Karaköy
(02 12) 293 81 80
www.galatatower.net
Tägl. 9–19.30 Uhr
Eintritt auf den Panoramabalkon TL 12
Der imposante, 62 m hohe Befestigungsturm ist eine Dominante im Stadtbild. Den Turm ließen 1348 die Genuesen erbauen, die hier am nördlichen Ufer des Goldenen Horns eine Siedlung unterhielten. Angeblich startete im 17. Jh. von hier der erste fliegende Mensch der Welt. Er hieß Ahmet Çelebi und soll mit angeschnallten Flügeln bis hinüber auf die asiatische Seite gesegelt sein. Unter dem kegelförmigen Dach befinden sich heute ein Bauchtanzclub und ein Panoramabalkon – die Ausblicke auf die Stadt und den südlichen Bosporusausgang sind schlicht sensationell.

❼ Großer Basar/ Kapalı Çarşı ➡ G5/6

Beyazıt
Straßenbahn T1: Beyazıt-Istasyonu oder Çemberlitaş
www.kapalicarsi.org.tr
Mo–Sa 9–19 Uhr
Der im Türkischen aufgrund seiner überdachten Gewölbegänge »Gedeckter Basar« genannte Komplex ist eine kleine Stadt für sich. Wie seit Hunderten von Jahren sind auch heute noch Geschäfte mit ähnlichen Waren in denselben Gassen angesiedelt. Das Angebot ist überwältigend, man bekommt Goldschmuck, Kunsthandwerk, Kleidung jeder Art, Lederwaren, Trödel, Teppiche und vieles mehr. Im Zentrum steht der **Eski Bedesten** (auch »Cevahir Bedesten« genannt), der älteste Teil des Basars. Er kann separat abgeschlossen werden und beherbergt deswegen auch Läden mit besonders wertvollen Waren.

Leanderturm/Kız Kulesi ➡ E11

Üsküdar
Von Eminönü mit dem Fährschiff bis Üsküdar, dann der Uferstraße gen Süden folgen, bis man auf den Bootsableger zum Turm trifft.
Das Türmchen im Bosporus vor Üsküdar stammt aus dem 18. Jh. und diente einst als Zollstation und Leuchtturm. Heute ist darin

ein charmantes Restaurant untergebracht (Transferservice). Seinen türkischen Namen »Mädchenturm« erhielt der Turm von einer Legende, nach der einem König einst prophezeit wurde, dass seine Tochter an einem Schlangenbiss sterben würde. Um sie zu schützen, ließ der König einen Turm im Bosporus errichten, wo seine Tochter fernab aller Schlangen aufwachsen sollte. Der Tod kam dennoch – in Gestalt einer in einem Obstkorb versteckten Natter.

Auch der unter Ausländern gebräuchliche Name »Leanderturm« fußt auf einer tragischen Legende. So handelt von dem sagenumwobenen, antiken Paar Hero und Leander, dessen Liebe geheim bleiben musste. So schwamm Leander jede Nacht zu seiner Geliebten Hero, die ihm als Orientierung eine Kerze in ein Turmfenster stellte. Eines Nachts blies der Wind die Kerze aus und Leander ertrank.

Theodosianische Landmauer/ Theodosios Surları ➡ C1
Zwischen Goldenem Horn und Marmarameer
Metro M1: Topkapı-Ulubatlı oder mit dem Fährschiff von Eminönü, Ablegestelle Haliç Iskelesi, bis Station Ayvansaray

»Es gibt wohl auf der ganzen Welt keine zweite Strecke, auf der man so melancholisch wird wie auf diesen dreieinhalb Meilen mit Trümmern rechter Hand und Friedhöfen linker Hand!« So romantisch, wie ihn der französische Romanschriftsteller Théophile Gautier Mitte des 19. Jh. beschrieb, ist ein Spaziergang entlang der Istanbuler Stadtmauer heute leider nicht mehr. Mörderische Verkehrsschneisen lassen wenig Freude aufkommen. Trotzdem ist das über 6 km lange Bollwerk aus dem 5. Jh., das unter der Herrschaft Theodosius II. entstand, auch heute noch imposant.

Über 1000 Jahre lang, bis zur osmanischen Eroberung, galt die Mauer als unüberwindlich. Das bekannteste ehemalige Stadttor ist das **Topkapı** (»Kanonentor«) auf Höhe des gleichnamigen Stadtteils (nicht zu verwechseln mit dem Sultanspalast in Sultanahmet). Seinen Namen erhielt es während der osmanischen Belagerung, als es mit der bis dahin größten Kanone der Welt gestürmt wurde. An den Tag der

---

Koca Mimar Sinan, Stararchitekt unter Süleyman dem Prächtigen

All jene Pracht, die mit Sultan Süleyman dem Prächtigen in Verbindung gebracht wird, fand erst durch die geniale Architektur von Koca Mimar Sinan, dem »altehrwürdigen Baumeister Sinan«, ihren Ausdruck. Sinan, 1490 als Kind christlicher Eltern in Zentralanatolien geboren, kam durch die *Devşirme*, die Rekrutierung junger Christen zum Militärdienst, an den Sultanshof in Istanbul. Als Militäringenieur studierte er auf vielen Feldzügen die Architektur abgelegener Provinzen und fremder Reiche. Nachdem er für einen persischen Feldzug jene Schiffe gebaut hatte, die das Heer über den Van-See in Ostanatolien bringen sollten, wurde der Sultan auf ihn aufmerksam. Wenig später schon war Sinan dessen Haus- und Hofarchitekt.

In den folgenden Jahrzehnten arbeitete er unermüdlich. Zu seinen 477 (!) Bauwerken gehören allein 42 Moscheen in Istanbul. Selbst die Kuppelrestaurierung der allerheiligsten Moschee Harem-i Şerif in Mekka wurde unter Sinans Leitung durchgeführt. Der großartigste Architekt der Osmanen starb im Alter von 97 als bescheidener Mensch, der er sein Leben lang gewesen war.

Architektur und andere Sehenswürdigkeiten

Medusenhaupt in der Yerebatan-Zisterne (Yerebatan Sarnıcı)

Eroberung erinnert das Museum **Panorama 1453** neben der Straßenbahnstation Topkapı mit einem 2350 m² großen Rundbild. Im Süden wird die Mauer vom **Yedikule-Kastell** abgeschlossen.

Tünel-Bahn/Tünel ➤ D/E6
Karaköy–Beyoğlu
Straßenbahn T1, Tünel-Bahn: Karaköy
Tägl. 7–22.45 Uhr, pro Fahrt TL 3
Die unterirdische Standseilbahn, eine Art U-Bahn in Miniformat, ist nur 614 m lang und verbindet bereits seit 1875 die beiden Stadtteile Karaköy (Tersane Caddesi, unauffälliger Zugang!) und Beyoğlu (Tünel Meydanı). Eine Fahrt ist ein kleines und kurzes Erlebnis.

Valens-Aquädukt/
Bozdoğan Kemeri ➤ F4
Saraçhane
Straßenbahn T1, Metro M1: Aksaray oder von Eminönü mit Bus 32
Der über den stark befahrenen Atatürk Bulvarı verlaufende Aquädukt südlich des Goldenen Horns stammt aus der zweiten Hälfte des 4. Jh. und wurde nach dem gleichnamigen oströmischen Kaiser benannt. Von dem einst über 1000 m langen, imposanten Bauwerk, das die Stadt mit Wasser aus dem Belgrader Wald versorgte, sind noch rund 600 m erhalten.

❹ Yerebatan-Zisterne/
Yerebatan Sarnıcı ➤ H7
Yerebatan Caddesi, Sultanahmet
Straßenbahn T1: Sultanahmet
✆ (02 12) 522 12 59
www.yerebatan.com
Tägl. 9–18, im Sommer bis 20 Uhr
Eintritt TL 10
Die Zisterne wurde im 6. Jh. unter Kaiser Justinian errichtet, ihr Grundriss war einst größer als der der Hagia Sophia. Gestützt wird das unterirdische Bauwerk von 336 Säulen aus verfallenen Tempeln, einige wenige sind mit Medusenhäuptern verziert – darauf spielt auch der Zweitname der Zisterne an: »Versunkener Palast« (Yerebatan Sarayı).

Der geheimnisvoll gurgelnde Ort war bis 1987 nur mit Booten zugänglich, heute führen bequeme Laufstege hindurch. Die reizvolle Atmosphäre wird durch klassische Musik verstärkt. ∎

Erleben & Genießen

Übernachten: Hotels, Hostels, Apartments, Ferienwohnungen

Istanbul bietet für jeden Geldbeutel und Geschmack die passende Unterkunft. Die Palette reicht von mondänen First-Class-Hotels über stilvolle Boutique-Hotels bis zu einfachen Pensionen und Hostels. Die für Touristen interessantesten Standorte sind **Sultanahmet**, wo man in unmittelbarer Nähe zu den großen Sehenswürdigkeiten wohnt, und ❽ **Beyoğlu/Taksim**, wo man dem Puls der Trendstadt Istanbul ganz nahe ist. Zu empfehlen sind jedoch auch die Stadtteile **Sirkeci** und **Laleli**, von wo man mit der Straßenbahn alle Sehenswürdigkeiten schnell erreicht. Kinder wohnen in den meisten Hotels bis sechs Jahre gratis, älteren wird ein Preisnachlass von etwa 50 Prozent gewährt.

Die aufgeführten Hotels befinden sich alle im europäischen Teil von Istanbul. Die angegebenen Preiskategorien gelten für ein Doppelzimmer pro Nacht.

€	– unter 60 Euro
€€	– 60 bis 100 Euro
€€€	– 100 bis 150 Euro
€€€€	– über 150 Euro

Hotels

Hotel Four Seasons ➡ H7
Tevfikhane Sokak 1, Sultanahmet
Straßenbahn T1: Sultanahmet
✆ (02 12) 402 30 00
Fax (02 12) 402 30 10
www.fourseasons.com
Tophotel mit viel Charme, untergebracht in einem ehemaligen Gefängnis. Die Zimmer sind aber alles andere als Zellen. Viel Promipublikum, auch Demi Moore und David Copperfield übernachteten hier schon. Hervorragendes Restaurant angegliedert.
€€€€

Hotel Yeşil Ev ➡ H7
Kabasakal Caddesi 5, Sultanahmet
Straßenbahn T1: Sultanahmet

Übernachten

Zimmer des Hotel Yeşil Ev mit viel Flair

✆ (02 12) 517 67 85
Fax (02 12) 517 67 80
www.yesilev.com.tr
Das »Grüne Haus«, eine kleine Nobelherberge mit viel Flair, liegt in direkter Nähe zu den größten Sehenswürdigkeiten der Stadt. Schöner Garten. Auch hier nächtigten schon Berühmtheiten wie der Politiker Mitterand. €€€€

Pera Palace Hotel ➡ C6
Meşrutiyet Caddesi 52, Beyoğlu
Metro M2: Şişhane
✆ (02 12) 377 40 00
Fax (02 12) 377 40 77
www.perapalace.com
Es war eines der ersten Istanbuler Luxushotels. Hier nächtigten bereits Mata Hari, Agatha Christie und Atatürk. 2010 wurde das nostalgische Hotel nach einer mehrjährigen Restaurierungsphase als Fünf-Sterne-Hotel wieder eröffnet. Alles vom Feinsten. €€€€

Point Hotel Taksim ➡ B8
Topçu Caddesi 2, Taksim
Metro M2: Taksim
✆ (02 12) 313 50 00
Fax (02 12) 313 50 30
www.pointhotel.com
Mit jugendlichem Pepp versehenes Haus. In der Lobby Loungemusik, von der Dachterrasse herrliche Blicke beim Frühstück. Wellnessbereich im Keller. €€€€

Taksim Square Hotel ➡ B8
Sıraselviler Caddesi 15, Taksim
Metro M2: Taksim
✆ (02 12) 292 64 40
Fax (02 12) 292 64 49
www.taksimsquarehotel.com.tr
Vier-Sterne-Hotel mit 87 Zimmern direkt am Taksim-Platz, teilweise mit tollen Ausblicken auf den Bosporus. Viel Schnickschnack. Im Restaurant mit ebenfalls herrlichen Bosporusblicken wird auch das Frühstück serviert. €€€–€€€€

Hotel Celal Sultan ➡ G7
Salkım Söğüt Sokak 14
Sultanahmet
Straßenbahn T1: Sultanahmet
✆ (02 12) 520 93 23
Fax (02 12) 522 97 24
www.celalsultan.com
Komfortable Zimmer, verteilt auf ein historisches Stadthaus und einen modernen Anbau. Frühstücksterrasse mit Hagia-Sophia-Blick. Sehr gut geführt. €€€–€€€€

Erleben & Genießen

Senatus Hotel ➡ H7
Akbıyık Caddesi 40, Sultanahmet
Straßenbahn T1: Sultanahmet
✆ (02 12) 458 58 66
Fax (02 12) 458 58 65
www.senatushotel.com
Neueres Hotel. 22 trendig-modern eingerichtete Zimmer, zum Teil mit Himmelbetten. Am besten bucht man ein Zimmer nach vorne – schöne Ausblicke. €€–€€€

Hotel Yaşmak Sultan ➡ G7
Ebusuud Caddesi 18, Sirkeci
Straßenbahn T1: Gülhane
✆ (02 12) 528 13 43
Fax (02 12) 511 99 16
www.hotelyasmaksultan.com
Vier-Sterne-Hotel mit klassisch-modernen Zimmern im Bahnhofsviertel. Hauseigener Hamam; außerdem Fitnesscenter und Sauna. €€€–€€€€

Galata Antique Hotel ➡ D6
Meşrutiyet Caddesi Nergiz Sokak 10, Beyoğlu
Metro M2: Şişhane, Tünel-Bahn: Beyoğlu
✆ (02 12) 245 59 44
Fax (02 12) 245 59 47
www.galataantiquehotel.com
Kleines Haus mit 23 Zimmern. Zimmer gibt es in der klassisch eingerichteten Standardversion und als recht schicke Suiten mit tollen Blicken über das Goldene Horn. Schöne Frühstücksterrasse. €€€–€€€€

Büyük Londra Oteli ➡ C6
Meşrutiyet Caddesi 53, Beyoğlu
Metro M2: Taksim, historische Straßenbahn T5: Galatasaray
✆ (02 12) 245 06 70
Fax (02 12) 245 06 71
www.londrahotel.net
Relikt aus der Zeit des Orientexpress, besteht seit 1892. Diente als Kulisse für Fatih Akıns Film »Gegen die Wand«. Die Zimmer in den oberen Etagen sind neu restauriert und bieten eine grandiose Aussicht über das Goldene Horn, andere sind erheblich einfacher und billiger. €–€€€€

Grand Hisar Hotel ➡ C7
Kameriye Sokak, Beyoğlu
Metro M2: Taksim, historische Straßenbahn T5: Galatasaray
✆ (02 12) 292 80 51
Fax (02 12) 292 80 44
www.hisarhotel.com
Preisgünstiges Haus auf Drei-Sterne-Niveau in sehr zentraler Lage. Mit 35 angenehmen Zimmern, nicht die größten, aber okay. Freundlicher Service. Eine ordentliche Adresse für Nachtschwärmer (viele Bars in der Nähe). Wer zu Schlafproblemen neigt, bucht besser woanders. €€

Side Hotel & Pension ➡ H7
Utangaç Sokak 20, Sultanahmet
Straßenbahn T1: Sultanahmet
✆ (02 12) 517 22 82
Fax (02 12) 517 65 90
www.sidehotel.com
Gepflegte Unterkunft mit gutem Preis-Leistungs-Verhältnis. Die Hotelzimmer besitzen im Gegensatz zu den Pensionszimmern TV und Klimaanlage. €–€€

Hotel Akçınar ➡ F7
Serdar Sokak 18, Sirkeci
Straßenbahn T1, Vorortbahn: Sirkeci
✆ (02 12) 513 32 73
Fax (02 12) 527 91 88
www.hotelakcinar.com
Haus der unteren Mittelklasse. 45 recht freundliche Zimmer, die man vor Bezug jedoch ansehen sollte: Manche sind hell und geräumig, andere winzig und dunkel. €€

Hotel Silviya ➡ C/D6
Asmalımescit Sokak 24/A Beyoğlu
Metro M2: Şişhane, Tünel-Bahn: Beyoğlu
✆ (02 12) 292 77 49
Fax (02 12) 243 61 15
www.otelsilviyaistanbul.com

Übernachten

Apartments rund um den Galataturm vermietet Manzara Istanbul

Einfaches Hotel im Szeneviertel. Sauber, aber alles andere als geschmackvoll eingerichtet. €€

Hostels

Orient Hostel ➡ H7
Akbıyık Caddesi 13, Sultanahmet
Straßenbahn T1: Sultanahmet
℡ (02 12) 518 07 89
Fax (02 12) 518 38 94
www.orienthostel.com
Eines von mehreren Hostels in der gleichen Straße. Ein internationaler Treffpunkt in unmittelbarer Nähe zur Blauen Moschee. Neben Schlafsälen auch private Zimmer mit Gemeinschaftsbad. Bauchtanzabende. €–€€

Neverland Hostel ➡ D7
Boğazkesen Caddesi 96, Beyoğlu
Metro M2: Taksim, Straßenbahn T 1: Tophane
℡ (02 12) 243 31 77
www.hostelneverland.com
Eine kunterbunte Unterkunft, nur einen Katzensprung vom Kneipentrubel entfernt, selbst aber – für Istanbuler Verhältnisse – recht ruhig gelegen. Nette Lounge. Neben Schlafsälen gibt es auch Doppelzimmer mit privatem Bad. Tiere erlaubt! €

Apartments, Ferienwohnungen

Ansen Suites ➡ D6
Meşrutiyet Caddesi 70, Beyoğlu
Metro M2: Şişhane, Tünel-Bahn: Beyoğlu
℡ (02 12) 245 88 08
Fax (02 12) 245 71 79
www.ansensuites.com
Schicke Apartments für Anspruchsvolle. Der Altbau beherbergt zehn großzügige Suiten auf fünf Etagen, von den obersten blickt man aufs Goldene Horn – herrlich. Im Erdgeschoss ein Bistro. €€€€

Manzara Istanbul ➡ D6
Serdar-ı Ekrem Caddesi 14
Galata
Straßenbahn T1: Karaköy, Tünel-Bahn: Beyoğlu
℡ (02 12) 252 46 60
Fax (02 12) 245 09 16
www.manzara-istanbul.com
Der deutsch-türkische Architekt Erdoğan Altındiş vermietet 44 charmante, ganz unterschiedliche Apartments, die meisten liegen rund um den Galataturm, einige aber auch in Beyoğlu und Taksim. Viele Apartments besitzen herrliche Ausblicke über die Stadt. €€–€€€€ ■

Erleben & Genießen

Essen und Trinken: Restaurants und Cafés

Die türkische Küche ist ein Gaumenschmaus. Kosten kann man sie sowohl in Restaurants als auch in **Lokantas**. Letztere sind simple, oft gekachelte und neonlichtdurchflutete Lokale, in denen das vorgekochte Essen in Metallbehältern warm gehalten wird. Sorge, was die Frische der Gerichte anbelangt, braucht man dort nicht zu haben. Insbesondere zur Mittagszeit sind *Lokantas* so beliebt, dass die Gerichte schneller gegessen werden, als sie verderben können.

Im Gegensatz zu *Lokantas* besitzen **Restaurants** neben dem angenehmeren Ambiente in der Regel eine Alkohollizenz, eine Vitrine mit Vorspeisen und eine größere Auswahl an Gerichten.

Ein typisch türkisches **Frühstück** besteht aus Marmelade oder Honig, Butter, Oliven, Schafskäse, Tomaten, Gurken, einem Körbchen mit frischem Weißbrot und frisch aufgebrühtem Tee. In den Hotels der Stadt, die eine internationale Klientel beherbergen, wird jedoch meist europäisches Frühstück gereicht – je nach Hotelkategorie als üppiges Büfett oder in der Magervariante mit Kaffee, Konfitüre, Schmelzkäse und Ei.

Ein ausgiebiges **Abendessen** beginnt in der Türkei mit Vorspeisen. Die variantenreichen *Meze* stehen in gekühlten Vitrinen zur Auswahl. Sie können jederzeit den Hauptgang ersetzen (ideal für Vegetarier, denn viele *Meze* sind fleischlos), in den meisten Lokalen ist dies kein Problem. Unverzichtbar sind dabei gefüllte Weinblätter, pikante Joghurtcremes, würzige Gemüsepürees, kaltes Gemüse in Olivenöl oder Melone mit Schafskäse. Verhältnismäßig teuer, aber stets eine Bereicherung, sind *Meze* mit Meeresfrüchten. Suppen *(Çorba)* nehmen die Türken eher selten als Vorspeise zu sich, sie dienen eher als Frühstücksersatz oder Snack für zwischendurch.

An **Gemüsegerichten** stehen Schmortöpfe, Aufläufe und Eintöpfe zur Auswahl. Sehr lecker sind auch *Dolma*-Gerichte – gefülltes Gemüse wie Zucchini oder Auberginen, das zusammen mit Hackfleisch oder mundgerechten Lammfleischstückchen serviert wird. Aber Achtung: Bei Gemüsegerichten schwimmt das Essen oft in Olivenöl – Mägen, die dergleichen nicht gewöhnt sind, haben damit Probleme.

Kebap ist der Oberbegriff für **Fleischgerichte** – egal ob gegrillt, geschmort, gebraten oder gebacken, egal ob von Lamm, Kalb oder Huhn. Zu *Döner kebap* braucht wohl nichts mehr gesagt zu werden. Ein Genuss ist der *Şiş kebap,* ein zarter, auf Holzkohleglut gerösteter Fleischspieß, zu dem als Beilage gewöhnlich Reis oder *Bulgur* (Weizengrütze) gegessen wird. Probieren sollte man auch den *Adana Kebap*, einen scharf gewürzten Hackfleischspieß, oder den *Bursa kebap* (oft auch *Iskender kebap* genannt), bei dem Dönerfleisch zusammen mit Joghurt und Tomatensoße auf geröstetem Fladenbrot angerichtet wird.

Beim *Tandır kebap* werden Hammelfleischstückchen im ge-

Der echte Türkische Mokka sollte in einer Stielkanne aus Kupfer serviert werden

Essen und Trinken

schlossenen Topf geschmort. Vielerorts kann man auch *Güveç* kosten, zartes Schmorfleisch mit Gemüse im Tontopf. Unter die Bezeichnung *Köfte* fallen frikadellenähnliche Hackfleischgerichte aus Hammel, Lamm oder Rind. Türken lieben zudem Innereien wie z.B. gebratene Leber oder Nieren. Als Innereiensnack wird an vielen Straßenecken *Kokoreç* angeboten: gegrillte Därme, die mit Zwiebel und Tomate ins Brot kommen.

Bosporus, Schwarzes und Marmarameer sind reich an **Fischen**. Die gängigsten Arten sind Blaubarsch (*Lüfer*), Seebarsch (*Levrek*) und Steinbutt (*Kalkan*), die in der Regel gegrillt oder geschmort werden. Unbedingt kosten sollte man *Hamsi*, Schwarzmeersardinen im Miniformat, die mit Haut und Gräten verzehrt werden. Aber Achtung: Ein Fischessen, insbesondere in einem gehobenen Lokal am Bosporus, kann ins Geld gehen!

Für den kleinen Hunger zwischendurch: »Simits« (Sesamkringel)

Nachspeise gefällig? Eine sehr populäre Süßspeise ist *Baklava*, ein Gebäck aus mehreren Teigschichten, zwischen die Mandeln und Pistazien eingestreut sind. Die kleinen Rechtecke werden mit einem Sirup aus Zucker, Zitronensaft und Honig übergossen. Genauso süß und klebrig ist *Helva*, eine Kalorienbombe aus Weizenmehl, Sesamöl, Honig und Zucker. Unserem Geschmack vertrauter sind hingegen Mandelpudding (*Keşkül*) oder Milchreis (*Sütlaç*). Auch mit Obst (je nach Jahreszeit Erdbeeren, Kirschen, Melonen, Trauben usw.) rundet man sein Essen ab. Dabei gilt: Gründlich waschen ist gut, schälen ist besser!

Für den kleinen **Hunger zwischendurch** hat Istanbul viel zu bieten. Unterwegs isst man beispielsweise *Börek*, eine blätterteigähnliche Strudelspezialität, die mit Hackfleisch, Spinat oder Schafskäse gefüllt wird. Mit ähnlichen Zutaten belegt man die *Pide*, ein knuspriges Teigschiffchen. Eine Kostprobe wert ist auch *Lahmacun*, die türkische Pizza mit Hackfleisch und Kräutern. An jeder Ecke wird *Simit* verkauft – dieses ringförmige, mit Sesam bestreute Gebäck genießt man am besten morgens, am Nachmittag beginnt es langsam zu versteinern. In Restaurants, die mit Folklore werben und ländliche Küche servieren, sieht man zudem hin und wieder bäuerlich gekleidete Frauen *Gözleme* zubereiten, eine Art Pfannkuchen, der auf verschiedene Arten süß oder herzhaft gefüllt wird.

Das türkische Nationalgetränk ist der **Tee** (*Çay*), der zu jeder Gelegenheit in kleinen bauchigen Gläsern auf den Tisch kommt. *Elma çayı* nennt sich der unter Touristen sehr beliebte Apfeltee. An nichtalkoholischen Getränken bekommt man nahezu sämtliche, auch bei uns erhältlichen Softdrinks, dazu aber auch frisch gepresste Fruchtsäfte und *Ayran*, ein erfrischendes Mixgetränk aus Joghurt, Salz und kaltem Wasser, das ein wenig an Buttermilch erinnert. Unter den alkoholischen Getränken steht Bier an erster Stelle, *Efes* nennt sich die am weitesten verbreitete Marke. Vielen unbekannt ist türkischer Wein, zu den besseren Tropfen gehören die der Kellereien Doluca und Kavaklıdere. Beliebt ist auch der *Rakı*, ein ca. 45-prozentiger Anisschnaps, der geschmacklich dem griechischen Ouzo ähnelt.

Erleben & Genießen

Die empfohlenen Restaurants und Cafés sind nach Stadtvierteln gegliedert. Die Preise beziehen sich auf ein Mittag- bzw. Abendessen mit einem Getränk:

€ – 5 bis 10 Euro
€€ – 10 bis 20 Euro
€€€ – über 20 Euro

Restaurants und Cafés

8 *Beyoğlu:*

Blumenpassage/Çiçek Pasaj ➡ C7
Eingang von der İstiklal Caddesi
Beyoğlu/Galatasaray
Metro M2: Taksim, historische Straßenbahn T5: Galatasaray
www.tarihicicekpasaji.com
In der prächtig ausgeschmückten Passage aus dem Jahr 1876 haben sich etliche, gehobenere Restaurants niedergelassen, die an die *Rakı*-Tafel rufen. Im Mittelpunkt stehen ausgefallene *Meze*, die auf großen Tabletts an die Tische getragen werden. Die Stimmung ist ausgelassen. €€–€€€

Cumhuriyet Işkembe Salonu ➡ C7
Duduodaları Sokak
℡ (02 12) 292 70 97
Metro M2: Taksim, historische Straßenbahn T5: Galatasaray
Simpler Suppenladen im Fischmarkt von Beyoğlu, wo es die angeblich beste Kuttelflecksuppe der Stadt gibt. Etwas für Hartgesottene oder harte Trinker – viele Schnapsnasen schwören auf die Alka-Seltzer-Wirkung von Kuttelflecksuppe. €

Galata Restaurant ➡ C6
Orhan Adlı Apaydın Sokak 5/A
Metro M2: Şişhane, Tünel-Bahn: Beyoğlu
℡ (02 12) 293 11 39
www.galata.com.tr, So geschl.
Niveauvolles Restaurant mit türkisch-griechischer Küche. Das Besondere am Lokal jedoch ist die abendliche Livemusik. Hier hat man die Möglichkeit, der traditionellen *Fasıl*-Musik zu lauschen, die ihre Ursprünge in der osmanischen Palastmusik hat.
€€€

Hacı Abdullah ➡ B/C7
Atif Yılmaz Caddesi 9/A
Metro M2: Taksim, historische Straßenbahn T5: Galatasaray
℡ (02 12) 293 85 61

Die zahlreichen Fischrestaurants unter der Galatabrücke sind besonders abends gut besucht

Das Traditionslokal Hacı Abdullah

www.haciabdullah.com.tr
Traditionslokal, das auf eine rund 120-jährige Geschichte zurückblicken kann. Feine türkisch-osmanische Küche. Gediegen-orientalische Einrichtung. Kein Alkohol. €€

KV Café ➡ D6
Tünel Geçidi 6
℡ (02 12) 251 43 38
Metro M2: Şişhane, Tünel-Bahn: Beyoğlu
www.kv.com.tr
Café in einer schönen, mit Topfpflanzen versehenen Passage nahe der oberen Station der Tünel-Bahn. Drinnen gemütliche Atmosphäre. Leckere Kuchen, man kann auch frühstücken oder richtig essen: internationale Küche. €€

Nevizade Sokak ➡ C7
Nevizade Sokak
Metro M2: Taksim, historische Straßenbahn T5: Galatasaray
Die populäre Restaurantgasse befindet sich in Nachbarschaft des bunten Fischmarkts von Beyoğlu. Hier geht es allabendlich hoch her – vor allem an Sommerwochenenden heißt es früh da sein, sonst ist kein Platz mehr zu bekommen. Tipp für ein fröhliches, ungezwungenes Abendessen. *Meze*, Fisch und Fleisch. €€

Sultanahmet:

Baran 1 Ottoman Kitchen ➡ H6
Divan Yolu Işık Sokak 6
Straßenbahn T1: Sultanahmet
℡ (02 12) 638 49 39
Gepflegte, große Lokanta in zentraler Lage, ideal für die Stärkung zwischen Blauer Moschee und Großem Basar. Die Auswahl an Topfgerichten ist riesig, dazu gibt es Döner und Gegrilltes. €

Lale Restaurant/Pudding Shop ➡ H7
Divan Yolu 6
Straßenbahn T1: Sultanahmet
℡ (02 12) 522 29 70
www.puddingshop.com
Das Lale Restaurant, das 1957 als Konditorei eröffnet wurde, mutierte in den 1960er-Jahren zum Treff all jener Freaks, die sich gen Goa oder Karatschi aufmachten und in Istanbul einen Zwischenstopp einlegten. Hier tauschte man Infos aus, hierher ließ man sich die Post nachschicken, und hier aß man nebenbei die angeblich besten Puddings der Stadt.

Heute ist das Lale Restaurant eine Art gehobene Kantine für

Erleben & Genießen

Touristen, die sich bei Lammfleischeintopf oder Şiş kebap vom Sightseeingstress erholen. Die guten Puddings gibt es aber immer noch. €€

Metropolis Restaurant → H7
Terbıyık Sokak 1
Straßenbahn T1: Sultanahmet
✆ (02 12) 517 68 26
www.metropolisrestaurant.net
Gehobeneres Restaurant. Auf der Karte finden sich große Salate, Pasta, Steaks, aber auch gute Vorspeisen und außergewöhnliche Kebabvariationen. Auch frühstücken kann man hier. €€

Seasons Restaurant → H7
Im Hotel Four Seasons, Tevkifhane Sokak 1
Straßenbahn T1: Sultanahmet
✆ (02 12) 402 31 50
www.fourseasons.com
Eines der besten Restaurants der Stadt, im First-Class-Hotel Four Seasons in unmittelbarer Nähe zu den großen Sehenswürdigkeiten. Tolle Terrasse! Serviert wird ein spannender und sehr feiner Mix aus internationaler und türkischer Küche. Auch die Kleinen kommen auf ihre Kosten. €€€

Sultanahmet Köfteci Selim Usta
→ H7
Divan Yolu 12
Straßenbahn T1: Sultanahmet
✆ (02 12) 513 64 68
www.sultanahmetkoftesi.com
Alteingesessene *Lokanta*, in der es nicht viel mehr als *Köfte* (Hackfleischbällchen) und *Piyaz* (Bohnensalat) gibt. Beliebter Mittagsspot arbeitenden Istanbuler in der Gegend. Kein Alkohol. €

Sarnıç → G7
Soğukçeşme Sokak 26
✆ (02 12) 512 42 91
www.sarnicrestaurant.com
Hier isst man in gediegenen Ambiente einer einstigen byzantinischen Zisterne aus dem 6. Jh., begleitet von Pianomusik. Der Schwerpunkt liegt auf türkisch-osmanischer Küche. Nur abends geöffnet. €€–€€€

Yeşil Ev Restaurant → H7
Kabasakal Caddesi 5
Straßenbahn T1: Sultanahmet
✆ (02 12) 517 67 85
www.yesilev.com.tr
Das Restaurant des gleichnamigen Boutique-Hotels in unmittelbarer Nähe zu den großen Sehenswürdigkeiten. Wunderschöner lauschiger Garten mit einem Springbrunnen. Türkische und internationale Küche der gehobenen Preisklasse. €€€

Übrige Stadtteile:

Bahar Havuzlu Restaurant → G5
Gani Çelebi Sokak 3 (Großer Basar), Beyazıt
Straßenbahn T1: Beyazıt-Istasyonu
✆ (02 12) 527 33 46
www.havuzlurestaurant.com
Am Abend und sonntags geschl. Für den Hunger zwischen dem Shoppen – das Restaurant befindet sich mitten im Getümmel des Großen Basars. Im imposanten Speisesaal mit schönem Gewölbe bekommt man gute Topfgerichte mit und ohne Fleisch. €€

Çınaraltı Restaurant
→ nordöstl. A13
Iskele Meydanı 28, Ortaköy
Von Eminönü mit Bus 25 E bis Haltestelle Ortaköy
✆ (02 12) 261 46 16
www.cinaralti.com
Eines von vielen schönen Terrassenlokalen am Ufer des Bosporus im quirligen Vergnügungsviertel Ortaköy. Der Schwerpunkt liegt auf frischem Fisch, zudem große Auswahl an *Meze*. Blick auf die Ortaköy-Moschee und die Bosporus-Brücke. €€–€€€

Dârüzziyafe → F5
Şifahane Sokak 6, Süleymaniye

Essen und Trinken

Straßenbahn T1: Eminönü oder Laleli-Üniversite
℗ (02 12) 511 84 14
www.daruzziyafe.com
Gepflegtes Restaurant in der einstigen Armenküche der benachbarten Süleymaniye-Moschee. Arkadenhof für den Sommer. Auf den Tisch kommt ausgefallene osmanische Küche wie Artischockenkebab oder verschiedenartig gefülltes Gemüse. Aufmerksames Personal. Kein Alkohol. €€

Konyalı Lokantası ➡ G8
Topkapı Sarayı, Sarayburnu
Straßenbahn T1: Sultanahmet oder Gülhane
℗ (02 12) 519 04 52
www.konyalilokantasi.com
Das traditionsreiche Schnellrestaurant befindet sich unmittelbar auf dem Gelände des Topkapı-Serails. Großes Angebot leckerer Topfgerichte weit über dem durchschnittlichen Lokanta-Niveau. Gleiches gilt allerdings auch für die Preise. €€

Kumkapı ➡ J4
Vorortbahn bis Kumkapı
Kein Restaurant, sondern ein ganzes Viertel mit zig Fischlokalen. An warmen Abenden, wenn sich die engen Pflastergassen in lauschige Terrassen verwandeln, ist es in Kumkapı am schönsten. Dann sitzt hier Tischgemeinschaft an Tischgemeinschaft, und die Luft ist geschwängert vom *Rakı* und der Zigeunermusik der Straßenmusikanten. Im Angebot sind *Meze* und bester Fisch. €€

Pandeli ➡ F6
Mısır Çarşısı 1, Eminönü
Straßenbahn T1: Eminönü
℗ (02 12) 527 39 09
www.pandeli.com.tr
Nur tagsüber geöffnet
Traditionsrestaurant am Nordausgang des Ägyptischen Basars. Tolles Ambiente in den überkuppelten, mit Fayencen geschmückten Räumen. Hinzu kommt der Panoramablick über das Goldene Horn. Türkische Hausmannskost. €€

Blick auf die Ortaköy-Moschee und die Bosporus-Brücke

Pierre-Loti-Café
➡ nördl. A1, aC2
Karyağdı Sokak, Eyüp
Von Eminönü mit dem Fährschiff bis Eyüp, dann weiter mit der Seilbahn
℗ (02 12) 581 26 96
Herrlich gelegenes Aussichtscafé hoch über dem Goldenen Horn. Der turkophile französische Schriftsteller Pierre Loti (1850–1923) soll hier viel Zeit verbracht haben. €

Şark Kahvesi ➡ G5
Yağlıkçılar Caddesi 1 (Großer Basar), Beyazıt
Straßenbahn T1: Beyazıt-İstasyonu
℗ (02 12) 512 11 44
www.sarkkahvesi.com
Am Abend und sonntags geschl. Das gepflegte Café inmitten des Rummels des Großen Basars bietet Snacks und alkoholfreie Getränke. Der ideale Ort, um sich nach ein paar ausgiebigen Shoppingstunden etwas zu erholen. € ■

Nightlife: Bars, Livemusik, Dance- und Jazzclubs, Bauchtanz-Lokale

Nur wenige Städte der Welt können in puncto Nachtleben Istanbul das Wasser reichen. Zentren der Szenegänger sind vor allem die Stadtteile ❽ **Beyoğlu, Taksim** und **Ortaköy**. Die Partysaison reicht von September bis Mai, im Sommer machen viele Clubs in Istanbul dicht und wandern mit der Clubbingszene an die Mittelmeerküste, vor allem Richtung Bodrum.

Die Partys steigen in der Regel nicht vor Mitternacht, gefeiert wird bis zum Morgengrauen. Die großen Tanztempel verlangen Eintritte zwischen 10 und 30 Euro, die kleinen Undergroundclubs in der Regel deutlich weniger. Wer mit ein paar Cents in der Tasche mitfeiern will, hat jedoch überall am Bosporus sehr schlechte Karten.

Neben Clubs, die vor allem House, Techno, Rock oder Türkpop auflegen, gibt es im Vergnügungsviertel Beyoğlu auch so genannte *Türkü-Bars*. Hier ist jeder richtig, der einmal türkischer Volksmusik lauschen will. In den oft recht einfach gehaltenen, orientalisch eingerichteten Bars singen Alleinunterhalter oder kleine Combos vom Leben des anatolischen Landvolks. Es geht feuchtfröhlich zu, zu späterer Stunde wird auch getanzt.

Auch Bauchtanz kann man am Bosporus erleben. Die Shows, bei denen in der Regel ein Dinnermenü inbegriffen ist, sind jedoch meist nicht ganz billig.

Essen und Trinken mit Ausblick auf das Lichtermeer der Stadt im Leb-i Derya Richmond

Nightlife

Bars

Karga Bar ➜ aD3
Kadife Sokak 16
Kadıköy
Von Eminönü oder Karaköy mit der Fähre nach Kadıköy, dann zu Fuß weiter
✆ (02 16) 449 17 25
www.kargabar.org
Tägl. 15–1 Uhr
Auch die asiatische Seite Istanbuls besitzt ein buntes Nachtleben, das sich insbesondere in der Kadife Sokak (auch *Barlar Sokağı*, »Bargasse« genannt) von Kadıköy abspielt. Etliche Cafés und Kneipen wechseln sich dort ab, doch die Karga Bar ist die mit Abstand schönste. Gemütlich-geschmackvolle Location über drei Etagen. Abends legen oft DJs auf, die die unterschiedlichsten Geschmäcker ansprechen.
  Achtung, kein Schild, auf ein Rabenemblem achten (*karga* = Rabe).

Leb-i Derya Richmond
➜ D6/7
Istiklal Caddesi 227
Beyoğlu
Metro M2: Şişhane, Tünel-Bahn: Beyoğlu
✆ (02 12) 243 43 75
www.lebiderya.com
Tägl. 11–2 Uhr
Die Dachgeschossbar des Nobelhotels Richmond im Herzen des Szeneviertels Beyoğlu. Hier treffen sich allabendlich die *Beautiful People* Istanbuls auf einen Cocktail und blicken über ihre im Lichtermeer funkelnde Stadt. Zu den Traumausblicken kann man auch sehr delikat essen. Man kann es sich hier aber auch schon tagsüber gemütlich machen, sonntags wird zudem ein tolles Frühstücksbüfett angeboten.

Cheers ➜ H7
Akbıyık Caddesi 20
Sultanahmet
Straßenbahn T1: Sultanahmet
✆ (05 32) 409 63 59 (mobil)
Tägl. 10–2 Uhr
Populäre, bierselige Kneipe im Herzen des historischen Zentrums. Zur lauten Musik tauschen sich junge *Traveller* aus der ganzen Welt aus, die in den umliegenden Hostels untergekommen sind. In der gleichen Straße gibt es noch etliche, ähnliche Pubs mehr.

Livemusik

Babylon ➜ D6
Şehbender Sokak 3
Beyoğlu
Metro M2: Şişhane, Tünel-Bahn: Beyoğlu
✆ (02 12) 292 73 68
www.babylon.com.tr
Konzertbeginn unter der Woche um 21.30, am Wochenende um 23 Uhr
Eine der besten Adressen der Stadt, und das seit 1999. Hier tritt die türkische und internationale Rock- und Popelite auf. Falls keine Konzerte auf dem Programm stehen, legen DJs auf oder finden andere schräge Events statt. Montag ist im Babylon Ruhetag.

Hayal Kahvesi ➜ C8
Meşelik Sokak 10
Beyoğlu
Metro M2: Taksim
✆ (02 12) 245 10 48
www.hayalkahvesibeyoglu.com
Tägl. 21–4 Uhr
Das »Fantasiecafé« ist eine Mischung aus Bar und Rockkneipe und zählt zu den ältesten Musikpubs von Beyoğlu. Jeder Abend steht unter einem anderen Motto: Türkpop- und Schrammelrockkonzerte gehören genauso zum Programm wie Deep-House-Nächte. Im Sommer verlegt der Club seinen Sitz nach Çubuklu auf die asiatische Seite der Stadt, direkt an die Ufer des Bosporus.

Erleben & Genießen

Mojo ➜ C7/8
Büyükparmakkapı Sokak 22A
Beyoğlu
Metro M2: Taksim
℃ (02 12) 243 29 27
www.mojobeyoglu.com
Tägl. 22–4 Uhr
Großer, dunkler Kellerclub mit täglicher Livemusik. Wer Frank Zappa oder Supertramp mag, trifft hiermit eine gute Wahl. Für etliche große, türkische Rockbands waren die Auftritte im Mojo der Beginn ihrer Karriere.

Jolly Joker ➜ C7
Balo Sokak 22
Beyoğlu
Metro M2: Taksim, historische Straßenbahn T5: Galatasaray
℃ (02 12) 249 07 49
www.jjistanbul.com
Konzertbeginn um 21 Uhr
Hier treten schon recht bekannte türkische Rocker und Popper auf – die Skaband Athena, die die Türkei schon beim »Eurovision Song Contest« vertrat, erklimmt beispielsweise regelmäßig die Bühne. Eingerichtet ist der Laden im Irish-Pub-Stil. Konzerte finden in der Regel von Donnerstag bis Samstag statt.

Dance- und Jazzclubs

Sortie ➜ nordöstl. A13
Muallim Naci Caddesi 141
Ortaköy
Von Eminönü mit Bus 25 E
℃ (02 12) 327 85 85
www.eksenistanbul.com
Nur im Sommer tägl. ab 18 Uhr geöffnet
Einer von mehreren extravaganten Sommer-Danceclubs an den Ufern des Bosporus. Tolle Atmosphäre zu gesalzenen Preisen. Strenge Türsteher, mit Jeans kommt man an ihnen nicht vorbei! Sehen und gesehen werden ist das, was hier zählt. Mehrere Restaurants und Bars. Platz hat das Sortie für rund 5000 Party People.

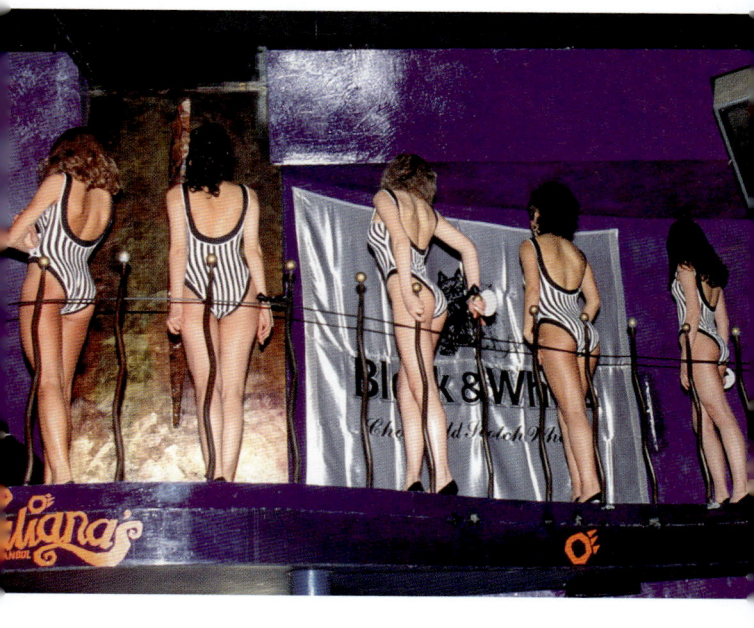

Misswahl in einer Istanbuler Disco

Nightlife

Reina ➡ nordöstl. A13
Muallim Naci Caddesi 44
Ortaköy
Von Eminönü mit Bus 25 E
✆ (02 12) 259 59 19
www.reina.com.tr
Nur im Sommer tägl. ab 18 Uhr geöffnet
Ähnlich teuer, ähnlich schick, ähnlich Promi-lastig. Wer war nicht schon alles hier: Naomi Watts, Sting, Lionel Richie, Uma Thurman… Sie alle schlugen sich auf der bombastischen Terrasse oder in einem der sechs Restaurants eine Istanbuler Nacht um die Ohren.

Istanbul Jazz Center
➡ nordöstl. A13
Çırağan Caddesi Salhane Sokak 10, Ortaköy
Von Kabataş mit Bus 25 E
✆ (02 12) 327 50 50
www.istanbuljazz.com
Die Konzerte beginnen um 21.30 Uhr, es finden jedoch nicht jeden Abend Konzerte statt, besser vorab die Webseite checken.
Gediegener Jazzclub, in dem man auch gut essen kann. Türkische und internationale Künstler, die für Überraschungen sorgen. Nicht ganz billig.

Bauchtanz-Lokale

Orient House ➡ H5
Tiyatro Caddesi 25/A
Beyazıt
Straßenbahn T1: Beyazıt-Istasyonu
✆ (02 12) 517 61 63
www.orienthouseistanbul.com
Shows tägl. ab 20.30 Uhr
Saal für ca. 400 Personen, in dem allabendlich Bauchtanzvorführungen angeboten werden. Das Essen ist im Eintrittspreis inbegriffen.

Übrigens: Der Bauchtanz, der bei vielen Europäern als Inbegriff türkisch-orientalischer Sinneslust gilt, ist bei den Istanbulern insge-

Bauchtänzerin

samt wenig populär. Bauchtanz gilt für die meisten als etwas Anrüchiges, das zudem völlig out ist.

Kervansaray ➡ A8
Cumhuriyet Caddesi 30
Harbiye
Metro M2: Taksim
✆ (02 12) 247 16 30
www.kervansarayistanbul.com
Dinnerbeginn 19.30, die Shows starten um 21 Uhr
Auch hier geht allabendlich die Post ab. Netter Saal, gute Stimmung.

Galata Kulesi ➡ D6
Büyük Hendek Sokak (Galataturm), Galata
Straßenbahn T1, Tünel-Bahn: Karaköy
✆ (02 12) 293 81 80
www.galatatower.net
Show- und Dinnerbeginn 20 Uhr
Der Nachtclub im Galataturm – tolle Ausblicke sind garantiert. Zudem bieten die allabendlichen, vierstündigen Folkloreshows alles Mögliche zwischen sogenannten »Haremshows« und kaukasischen Tänzen. Der Spaß ist mit TL 185 aber auch nicht ganz billig. ■

Erleben & Genießen

Kultur und Unterhaltung: Theater, Oper, Konzert, Ballett, kulturelle Events

Einen Überblick über Istanbuls Kulturszene gibt das monatlich in englischer Sprache erscheinende Magazin *Time Out Istanbul*. Wer des Türkischen mächtig ist, kann sich zudem das dickere Monatsmagazin *İstanbul Life* zulegen. Bereichert wird das Kulturangebot durch diverse Kunst- und Musikfestivals.

Tickets bekommt man in den jeweiligen Häusern oder bei der Ticketvorverkaufskette **Biletix**, die im Stadtteil Beyoğlu zum Beispiel hier zu finden ist:

Biletix ➡ C7
İstiklal Caddesi 62 (Halep Pasajı)
Metro M2: Taksim
℡ (02 16) 556 98 00
www.biletix.com

Theater, Oper, Konzert, Ballett

Atatürk-Kulturzentrum/Atatürk Kültür Merkezi ➡ B8
Taksim Meydanı, Taksim
Metro M2: Taksim
℡ (02 12) 251 56 00
Das Atatürk-Kulturzentrum war bis vor wenigen Jahren *der* Dreh- und Angelpunkt des Istanbuler Kulturlebens, Veranstaltungsort für klassische Konzerte und Theater, zudem Heimat der Staatsoper und des Staatsballetts. Nach aufwendiger Restaurierung des in den 1930ern errichteten Gebäudes wird es noch im Laufe des Jahres 2013 wieder eröffnet.

Cemal-Reşit-Rey-Konzertsalon/ Cemal Reşit Rey Konser Salonu
➡ nördl. A8/9
Darülbedai Caddesi 1, Harbiye
Metro M2: Osmanbey
℡ (02 12) 232 98 30
www.crrks.org
Heimat des gleichnamigen Symphonieorchesters. Zudem gibt es hier Opern, Operetten, Ballett und Jazz.

Freilichttheater Harbiye/Cemil Topuzlu Açıkhava Tiyatrosu
➡ A9
Taşkışla Caddesi, Harbiye (hinter dem Hilton)
Metro M2, historische Straßenbahn T5: Taksim
Im großen Amphitheater mit Platz für 4000 Zuschauer finden im Sommer immer wieder spannende Veranstaltungen statt: Komödien, Konzerte, Tanzaufführungen usw. Auf Plakate achten!

Muhsin Ertuğrul Tiyatrosu
➡ nördl. A8/9
Darülbedai Caddesi 3, Harbiye
Metro M2: Osmanbey
℡ (02 12) 455 39 25
www.ibst.gov.tr
Die städtische Bühne ist benannt nach Muhsin Ertuğrul, dem Begründer des modernen türkischen Theaters. Der Neubau ist dem Kongresszentrum angeschlossen.

Garaj İstanbul ➡ C7
Kaymakam Reşat Bey Sokak 11A
Beyoğlu
Metro M2: Taksim, historische Straßenbahn T5: Galatasaray

✆ (02 12) 244 44 99
www.garajistanbul.org
Das junge Theater zählt zu den innovativsten der Stadt.

Die besten kulturellen Events

Internationales Filmfestival
Beim Internationalen Istanbuler Filmfestival im April werden rund 150 Filme gezeigt. Das Festival dauert zwei Wochen (www.iksv.org).

Internationales Theaterfestival
Das Festival, das sich über verschiedene Bühnen der Stadt verteilt, dauert von Mitte Mai bis Mitte Juni und findet nur in geraden Jahren statt. Über 40 Stücke stehen auf dem Programm (www.iksv.org).

Internationales Musikfestival
Das Festival findet im Juni statt und bietet rund 30 klassische Konzerte. Zu den Veranstaltungsorten des Festivals gehören teils sehr außergewöhnliche Spielstätten wie die Hagia-Eirene-Kirche auf dem Gelände des Topkapı-Palasts oder das Archäologische Museum (www.iksv.org).

Efes One Love Festival
Das Zwei-Tage-Festival Anfang Juli steht ganz im Zeichen des Rock und Pop. Zuletzt ging es auf dem Gelände des Kunstmuseums Santral İstanbul im Stadtteil Eyüp über die Bühne (www.efespilsenonelove.com).

Internationales Jazzfestival
Das 20-tägige Festival im Juli bietet nicht nur Jazz – es schauten auch schon Grace Jones und Seal vorbei. Verschiedene Veranstaltungsorte (www.iksv.org).

Istanbuler Kunstbiennale
In allen ungeraden Jahren findet

Es »groovt« beim Jazz- und Rock-Festival

auf der Istanbuler Kunstbiennale von September bis November ein spannendes Schaulaufen der europäischen und türkischen Kunstszene statt. Ausgestellt wird an oft ungewöhnlichen Orten (www.iksv.org).

Akbank-Jazzfestival
Das dreiwöchige Festival im September und/oder Oktober bietet viele Konzerte überall in der Stadt (www.akbanksanat.com). ■

Erleben & Genießen

Shopping: Basare, Shoppingcenter, Bücher, Kleidung und das besondere Getränk, Teppiche und Kunsthandwerk, Trödel und Wochenmärkte

Istanbuls Straßen präsentieren sich vielerorts als großer Open-Air-Markt ohne Ladenschluss. Es gibt nichts, was es nicht gibt: Basare, auf denen Obst und Gemüse, Teppiche und Silberschmuck oder Schrauben und Dübel angeboten werden, Mega-Shoppingcenter mit den Boutiquen bekannter Modemacher, skurrile Trödlergassen und, und, und…

Zu den beliebtesten Souvenirs zählen Lederwaren, Teppiche, Goldschmuck, Keramik, Tee und Gewürze. Sehr günstig ersteht man auch T-Shirts, Jacken und Hosen mit dem imitierten Schriftzug der geläufigen Designer. Es gibt aber auch eine Vielzahl guter türkischer Labels, man denke nur an Sarer.

Für den Einzelhandel gibt es keine gesetzlichen Ladenöffnungszeiten. Die großen Shoppingmalls oder die Geschäfte auf der İstiklal Caddesi in Beyoğlu haben an sieben Tagen der Woche geöffnet, anderswo – und das gilt auch für den Großen Basar – bleiben sonntags die Rollläden unten.

In Geschäften, in denen Waren mit Preisschildern versehen sind, wird nicht gehandelt. Anders liegt der Sachverhalt in den Basaren. In den dortigen Teppich- und Lederwarengeschäften muss man nicht nur handeln, sondern knallhart feilschen. Es ist dabei nach türkischen Gepflogenheiten kein Problem, sich zehn Teppiche zur Ansicht ausbreiten zu lassen, dazu mehrere spendierte Gläser Tee zu trinken und das Geschäft ohne Kauf zu verlassen, solange man auf kein Verkaufsangebot eingegangen ist. Als unehrenhaft gilt jedoch, einen Preis auszuhandeln und dann das Geschäft ohne Kauf zu verlassen. Nennen Sie also keine Preise, wenn Sie nicht am Kauf der Ware interessiert sind, denn damit ist der Handel eröffnet.

Basare

**❼ Großer Basar/
Kapalı Çarşı** ➡ G5/6
Beyazıt
Straßenbahn T1: Beyazıt-Istasyonu oder Çemberlitaş
www.kapalicarsi.org.tr
Mo–Sa 9–19 Uhr
Das Angebot ist überwältigend und reicht von Goldschmuck über Kunsthandwerk, Kleidung jeder Art, Lederwaren und Trödel bis zu Teppichen und vielem mehr. Im Zentrum steht der Eski Bedesten, der älteste Teil des Basars. Er kann separat abgeschlossen werden und beherbergt deswegen auch Läden mit besonders wertvollen Waren.

❻ Ägyptischer Basar/Mısır Çarşısı ➡ F6
Eminönü
Straßenbahn T1: Eminönü
Tägl. 8–19 Uhr
Der verführerisch duftende Markt lässt Augen und Nase Karussell fahren: Säcke mit orientalischen Spezereien, Tee und Kaffee, dazu Käse, Naschwerk, Kaviar aus dem Aserbaidschan und, und, und… Selbst Aphrodisiaka mit bizarren Inhaltsstoffen sind zu haben.

Bücherbasar/Sahaflar Çarşısı
➡ G5
Sahaflar Çarşısı Sokak
Beyazıt
Straßenbahn T1: Beyazıt-Istasyonu

In einem zum Teil mit Weinlaub überschatteten Hof wird vorrangig Lesefutter für Studenten angeboten. Dazu Handbücher für Computerprogramme, aber auch Kalligraphien.

Shoppingcenter

Kanyon ➡ aC3
Büyükdere Caddesi 185, Levent
Metro M2: Levent
www.kanyon.com.tr
Architektonisch die interessanteste Shoppingmall der Stadt. Etwa 160 Läden verkaufen ihre Waren auf mehr als 37 000 m².

Akmerkez ➡ aC3
Nispetiye Caddesi, Etiler
Von Taksim mit Bus 559 C
www.akmerkez.com.tr
250 Läden zwischen Adidas und Zara, dazu Cafés, Kinos etc.

Galleria Ataköy ➡ aD2
Sahilyolu, Ataköy

Der Große Basar (Kapalı Çarşı) ist eine kleine Stadt für sich

Erleben & Genießen

Von Eminönü mit Bus 81 oder Vorortbahn B1 bis Bakırköy
www.galleria-atakoy.com.tr
Das Angebot hier ist ähnlich wie bei den beiden anderen Shoppingcentern.

Forum İstanbul ➜ aC2
Kocatepe Mahallesi Paşa Caddesi, Bayrampaşa
Metro M1: Kocatepe-Kartaltepe
www.forumistanbul.com.tr
Eines der neueren Shoppingcenter der Stadt, nach eigenen Angaben sogar das größte Europas. Etwas Außergewöhnliches ist der »Turkuazoo«, eine Art Unterwasserzoo mit zig Aquarien.

Bücher, Kleidung und das besondere Getränk

Türkisch-Deutsche Buchhandlung/Alman-Türk Kitabevi ➜ D6/7
İstiklal Caddesi 237, Beyoğlu
Metro M2: Şişhane, Tünel-Bahn: Beyoğlu
www.tak.com.tr
Hier findet jeder etwas – egal, ob deutschsprachige Literatur über Istanbul oder die neuesten Romane in deutscher Sprache. Herr Mühlbauers charmanter Buchladen ist mittlerweile eine Institution in der Stadt.

Nişantaşı und **Teşvikiye**
➜ nördl. A8–10
Metro M2: Osmanbey
Die nördlich des Taksim-Platzes gelegenen Viertel Nişantaşı und Teşvikiye sind bekannt für ihre schicken Designerläden. Zwischen Boss und Armani kann man auch die Roben der jungen türkischen Designer bewundern. Drumherum gibt es jede Menge schicke Bars und Cafés zum ausgiebigen *People-watching*.

İstiklal Caddesi ➜ B8–D6
Metro M2: Şişhane oder Taksim, Tünel-Bahn
Die Geschäfte an der bekanntesten Straße Beyoğlus bieten alles von Streetwear für flippige junge Leute bis zu Seidenkrawatten für den gediegeneren Geschmack. Es lohnt der Blick in die kleinen Seitenpassagen!

Vefa Bozacısı ➜ F4
Katip Çelebi Caddesi, Vefa
Von Eminönü mit Bus 32 bis zum Valens-Aquädukt, dann zu Fuß weiter
www.vefa.com.tr
Wer hierher findet, landet beim wohl bekanntesten *Boza*- und *Sahlep*-Ausschank der Türkei. Der in einem schönen alten Stadthaus untergebrachte Familienbetrieb wurde bereits 1876 gegründet. Unter *Boza* versteht man einen schwach alkoholischen, dickflüssigen Saft, der kalt mit einer Prise Zimt und Ingwer getrunken wird.
Sahlep wiederum genießt man heiß: Der Sud aus den Knollen des Knabenkrauts wird mit Milch aufgekocht und extrem süß getrunken. Beide Getränke sollen angeblich Flügel verleihen. Das wusste anscheinend schon Staatsgründer Atatürk, der bislang berühmteste Gast. Sein Glas wird heute in einem speziellen »Schrein« ausgestellt.

Teppiche und Kunsthandwerk

Arasta Bazaar ➜ H7
Kabasakal Caddesi, Sultanahmet
Straßenbahn T1: Sultanahmet
www.arastabazaar.com
Kein Basar im eigentlichen Sinn, sondern eine Zeile voller Teppich- und Kunsthandwerksläden. Nichts für den schmalen Geldbeutel.

Istanbul El Sanatlan Çarşısı
➜ H7
Kabasakal Caddesi, Sultanahmet
Straßenbahn T1: Sultanahmet

Das Kunsthandwerkszentrum ist in einer ehemaligen *Medrese*, einer islamischen Schule aus osmanischer Zeit, untergebracht. Man kann bei der Herstellung zusehen.

Şişko Osman ➡ G5/6
Zincirli Han (Großer Basar), Beyazıt Straßenbahn T1: Beyazıt-Istasyonu oder Çemberlitaş

Der berühmteste Teppichhändler des Großen Basars befindet sich im malerischen Zincirli Han, einer ehemaligen Herberge für Händler. Şişko Osman und seine Familie, seit vier Generationen im Teppich- und Kelimhandel tätig, reisen regelmäßig durch die ganze Türkei, um ihre Ware zusammenzusammeln.

Trödel und Wochenmärkte

Çukurcuma ➡ C7
Wer ausgiebig stöbern möchte, knöpft sich am besten das Trödelviertel Çukurcuma nahe dem Galatasaray-Gymnasium in Beyoğlu vor. Mit Glück und Geduld kann man das eine oder andere Schnäppchen machen.

Wochenmärkte
Jedes Viertel besitzt seinen eigenen Wochenmarkt, wo man von der Gurke für den Hirtensalat bis zur Unterhose in Größe XXL so ziemlich alles bekommt. Ein besonders bunter findet mittwochs nahe der **Fatih-Moschee** ➡ E/F3 im gleichnamigen Stadtteil statt. ■

Kleine Teppichkunde

Türkische Teppiche besitzen weltweit einen guten Ruf. Aber Achtung, falls Sie einen erwerben wollen! Denn Teppich ist nicht gleich Teppich, und was die einzelnen Stücke wert sind, ist oft auch für einen Fachmann nur schwer zu sagen. Grundsätzlich unterscheidet man zwischen geknüpften *(halılar)* und gewebten *(kelimler)* Exemplaren. Bei geknüpften Teppichen ist zum Beispiel die Anzahl der Knoten pro Quadratzentimeter ein Qualitätskriterium. Zudem spielt das Material eine Rolle: Seidene Teppiche sind nahezu unbezahlbar. Und aufgepasst bei Billigimitaten – viele Teppiche werden gechlort, um sie alt aussehen zu lassen. Für wirklich alte Teppiche, bei denen man anhand des traditionellen Musters den Herkunftsort erkennt, besteht Ausfuhrverbot.

Beliebte Souvenirs: handgewebte Teppiche in warmen Farben

Erleben & Genießen

Mit Kindern in der Stadt: Freizeitparks, Ausflüge, Museen

Familienurlaub in der Türkei ist problemlos: Ob Ihr Nachwuchs im Restaurant mit Tellern jongliert oder längere Zeit seinen Weltschmerz hinausschreit – niemand wird sich darüber aufregen. Doch mit Kleinkindern im Großstadtchaos Istanbuls unterwegs zu sein bedeutet mit Sicherheit mehr Stress als Erholung. Für den schon etwas größeren Nachwuchs hingegen hält die Bosporusmetropole einige Abenteuer parat, man denke nur an eine Fahrt mit dem Bosporusdampfer.

Freizeitparks, Ausflüge

Turkbalon ➡ aD3
Nahe dem Fähranleger in Kadıköy
Mit der Fähre von Karaköy und Eminönü zu erreichen
℡ (0216) 347 69 40
Nur bei gutem Wetter und ausreichender Nachfrage, pro Person TL 20
Mit den Möwen auf Augenhöhe kann man sich in Kadıköy (asiatische Seite) begeben. Nahe dem Fähranleger steigt ein Ballon an einer Leine ca. 200 m gen Himmel.

Miniatürk ➡ nördl. A2/3
Imrahor Caddesi
Sütlüce
Von Eminönü mit Bus 47 E bis Haltestelle Miniatürk
℡ (02 12) 222 28 82
www.miniaturk.com.tr
Im Sommer tägl. 9–19, im Winter tägl. 9–17 Uhr, Eintritt TL 10/3

Miniatürk ist ein Freizeitpark voller berühmter Baudenkmäler im Kleinformat aus der gesamten Türkei. Eine Bummelbahn fährt hindurch.

Istanbul Akvaryum ➡ aD1
Yeşilköy Halkalı Caddesi 93
Florya
Von Eminönü mit der Vorortbahn B1 bis Florya
℡ (02 12) 444 97 44
www.istanbulakvaryum.com
Tägl. 10–20 Uhr, Eintritt TL 29/22
Verschiedene größere und kleinere Becken, in denen man Fische aus aller Welt bewundern kann, darunter selbst Haie und Rochen. Für Kinder ein echtes Abenteuer.

❾ Bosporusfahrt
Eine Fahrt mit einem Bosporusdampfer ist für Groß und Klein ein Erlebnis. Fähren und Fischerboote ziehen vorüber, an den

Der weite Strand von Şile lädt zum Baden ein

Mit Kindern in der Stadt

Bosporusufern kann man tolle alte Holzvillen und prächtige Sultanspaläste bewundern. Wer Glück hat, sieht unterwegs sogar Delphine. Ausflugsfahrten werden in unterschiedlicher Länge angeboten, man kann nur zwei Stunden unterwegs sein, aber auch einen ganzen Tag. Die Schiffe legen in Eminönü ab. Vgl. auch S. 26.

Prinzeninseln ➜ aE3/4
Die vor Istanbul im Marmarameer gelegenen, beschaulichen Prinzeninseln sind autofrei. Am besten steuert man direkt Büyükada ein, die größte Insel der kleinen Gruppe. Sie lässt sich prima mit der Pferdekutsche erkunden. Die Fährschiffe zu den Prinzeninseln starten vom Fährhafen Kabataş. Vgl. auch S. 29.

Zum Baden nach Şile
➜ westl. aB5
Im Schwarzmeerbadeort Şile gibt es weite Strände und daher jede Menge Sand für den Sandburgenbau. Auch warten die Reste einer genuesischen Burg auf kleine Abenteurer. Danach: ein leckeres Fischessen in einem der vielen Fischrestaurants. Şile ist von Üsküdar (auf der asiatischen Seite Istanbuls) mit Bussen zu erreichen.

Museen

Industriemuseum/Rahmi M. Koç Müzesi ➜ A3
Hasköy Caddesi 5, Hasköy
Von Eminönü mit Bus 47
✆ (02 12) 369 66 00
www.rmk-museum.org.tr
Di–Fr 10–17, Sa/So 10–20 (im Winter bis 18) Uhr, Eintritt TL 12,50
In der alten, schön restaurierten Werft staunt jeder Junge, der sich für Technik interessiert. Wo kann man schon mal in ein U-Boot steigen oder sich in ein Cockpit setzen?

Griechische Antikensammlung im Archäologischen Museum

Marinemuseum/Deniz Müzesi
➜ A11
Beşiktaş Caddesi
Beşiktaş
Von Kabataş mit Bus 25 E bis Haltestelle Beşiktaş
✆ (02 12) 327 43 45
www.denizmuzeleri.tsk.tr
Mi–Fr 9–17, Sa/So 10–18 Uhr
Eintritt TL 4
Träumt Ihr Spross von der Seefahrt, so ist dieses Museum gewiss einen Besuch wert. Denn hier gibt es nahezu alles zu entdecken, was mit Schifffahrt zu tun hat: Navigationsinstrumente, Geschütze, Taucherausrüstungen, Logbücher, Seekarten und das 40 m lange Boot von Mehmet IV. (1648–87) mit Platz für 144 Ruderer.

Santral Istanbul ➜ aC2
Kazım Karabekir Caddesi 2/6
Eyüp
Von Eminönü mit Bus 99 bis Haltestelle Silahtar Ağa Caddesi
✆ (02 12) 311 78 78
www.santralistanbul.org
Tägl. außer Mo 10–18 Uhr
Eintritt TL 15/5
In diesem Elektrizitätswerk aus osmanischer Zeit ist heute ein interessantes Industriemuseum untergebracht. Es gibt eine Reihe von interaktiven Spielzonen, wo man unter anderem selbst Strom erzeugen kann. ◾

Erleben & Genießen

Erholung und Sport: Parks, Hamam, Fußballstadien

Wer Entspannung und Ruhe sucht, kehrt am besten in einen Hamam ein oder steuert einen Park am Wasser oder die Prinzeninseln an. Von einem Bad im Bosporus oder im Marmarameer sollte man aufgrund der schlechten Wasserqualität allerdings absehen. Weite Sandstrände vor einem sauberen Meer bieten die Ferienorte Kilyos und Şile am Schwarzen Meer. Nach Şile fahren regelmäßig Busse von Üsküdar (asiatische Seite), nach Kilyos verkehren *Dolmuşe* (Sammeltaxis) vom Bosporusstädtchen Sarıyer.

Viele der großen internationalen Hotels verfügen über erstklassige Fitnesscenter mit edlen Poolanlagen, in denen auch Nichthotelgäste für einen Tag oder eine Woche Mitglied werden können. Wer lieber anderen beim Sport zuschaut, anstatt selbst zu schwitzen, geht am besten ins Fußballstadion. Die drei großen traditionsreichen Istanbuler Vereine sind Galatasaray, Fenerbahçe und Beşiktaş. Die Treue zu einem dieser Vereine kommt einem Glaubensbekenntnis gleich. Die Stimmung in den Stadien ist der pure Wahnsinn. Jeder Verein hat sein eigenes Stadion, von denen das von Beşiktaş am schönsten liegt.

Parks

Yıldız-Park ➜ A12/13
Çırağan Caddesi, Beşiktaş
Von Kabataş mit Bus 25 E
Eine grüne Lunge mit netten Spazierwegen und charmanten Restaurants direkt an den Ufern des Bosporus gelegen. Der **Şale-Pavillon** (Şale Köşkü), in dem einst Kaiser Wilhelm II. nächtigte, und der benachbarte **Yıldız-Palast** (Yıldız Sarayı) ganz im Norden der Parkanlage sind heute als Museen zugänglich.

Brunnen im Topkapı-Palastgarten

Gülhane-Park ➜ F/G7/8
Sarayburnu
Straßenbahn T1: Gülhane
Der Park war einst ein Teil der Palastanlage des Topkapı-Serails und ist heute einer der beliebtesten innerstädtischen Orte zum Relaxen. Neben dem **Museum für Geschichte der Wissenschaft und Technologie im Islam** (Istanbul Islam Bilim ve Teknoloji Tarihi Müzesi) ➜ G8 laden im Norden des Parks Panoramateegärten zu einem Besuch ein.

Hamam

Der Besuch eines Hamam, eines historischen türkischen Dampfbades, kann zu einem ganz besonderen Istanbul-Erlebnis werden.

Erholung und Sport

Sagenumwoben: das historische türkische Dampfbad »Hamam«

Ein solches Bad ist in drei Bereiche gegliedert. Den *Camekân*, den Eingangsbereich, schmückt meist ein ausladender Brunnen. Drum herum befinden sich die Rezeption und die Umkleidekabinen. *Soğukluk* heißt der Durchgang in den Schwitzbereich und Hauptteil des Hamam, den *Hararet*. Die große, von unten erwärmte Marmorplattform in der Mitte nennt sich *Göbek Taşı*, Nabelstein. Auf ihn legt man sich zum Schwitzen und zur Massage.

Bevor die Massage beginnt, wird man mit einem rauen Lappen kräftig abgerieben, *Kese* heißt diese Prozedur. Die meisten Hamams besitzen separate Abteilungen für Männer *(Erkekler)* und Frauen *(Kadınlar)*. Bei kleineren Bädern baden die Geschlechter zu unterschiedlichen Zeiten oder an unterschiedlichen Tagen. Männer tragen ein Tuch um die Lenden, Frauen baden nackt. Handtücher braucht man nirgendwo mitzubringen.

Cağaloğlu Hamamı ➡ G7
Kazım Ismail Gürkhan Caddesi
Sultanahmet
Straßenbahn T1: Sultanahmet
✆ (02 12) 522 24 24
www.cagaloglu hamami.com.tr
Bad aus dem 18. Jh. und eine beliebte Filmkulisse. Hier schwitzten schon Franz Liszt und Tony Curtis.

Çemberlitaş Hamamı ➡ G6
Vezirhan Caddesi 8, Çemberlitaş
Straßenbahn T1: Çemberlitaş
✆ (02 12) 522 79 74
www.cemberlitashamami.com.tr
Der Hamam, einer der schönsten der Stadt, wird seit seiner Errichtung 1583 ununterbrochen genutzt.

Süleymaniye Hamamı ➡ F5
Mimar Sinan Caddesi 20, Süleymaniye, Straßenbahn T1: Eminönü
✆ (02 12) 519 55 69
www.suleymaniyehamami.com.tr
Der Hamam gilt als ältestes türkisches Bad und entstand unter Süleyman dem Prächtigen vor rund 450 Jahren. Hier ist auch gemischtes Baden möglich.

Fußballstadien

Galatasaray ➡ aC3
Türk Telekom Arena, Seyrantepe
Metro M2: Seyrantepe

Fenerbahçe ➡ aD3
Şükrü Saraçoğlu Stadyumu
Fenerbahçe
Von Eminönü mit der Fähre nach Kadıköy, von dort zu Fuß weiter

Beşiktaş ➡ B9
İnönü Stadyumu, Beşiktaş
Metro M2: Taksim oder von Kabataş mit Bus 25 E ■

Chronik

Daten zur Stadtgeschichte

Ab 7000 v. Chr.	Grabungsfunde nahe Kadıköy beweisen, dass die Ufer des Bosporus bereits im Neolithikum besiedelt waren.
660 v. Chr.	Der Legende nach lässt sich der sagenhafte Byzas mit griechischen Siedlern auf der Serailspitze nieder und gründet die nach ihm Byzantion genannte Stadt.
Ab 500 v. Chr.	Byzantion steigt dank seiner günstigen Lage zu einer florierenden Handelsstadt und zu einem der 40 bedeutendsten Stadtstaaten der Antike auf. Eigene Münzen werden geprägt, die Stadt wird von Befestigungswällen umschlossen.
340 v. Chr.	Der Wohlstand der Stadt lockt Neider. Phillip II. von Makedonien belagert Byzantion ein Jahr lang – doch die Wälle halten stand.
334/333 v. Chr.	Als Phillips Sohn Alexander der Große nahezu ganz Anatolien erobert, öffnen die Byzantiner kampflos die Tore. Es beginnt die sogenannte Hellenistische Zeit, die gewaltige Kulturleistungen hervorbringt.
73 v. Chr.	Byzantion wird Teil der römischen Provinz Bithynien.
44 v. Chr.	Ermordung Caesars. Daraufhin fällt der Osten des Imperiums an Marcus Antonius, dessen Geliebte die ägyptische Königin Kleopatra ist.
31 v. Chr.	Mit dem Sieg Octavians, des späteren Kaisers Augustus, über die Flotte des Marcus Antonius beginnt eine fast 250 Jahre andauernde Friedensepoche im Römischen Reich. Die römische Kultur durchdringt alle Städte Kleinasiens.
45–60 n. Chr.	Missionsreisen des Apostels Paulus. Die ersten Christengemeinden entstehen.
196	In den innerrömischen Kämpfen um die Kaisermacht zerstört Septimius Severus Byzantion, das sich mit Pescennius Niger verbündet hatte. In den folgenden Jahren lässt Septimius Severus die Stadt aber wieder aufbauen.
324	Schlacht bei Chrysopolis (heute der Stadtteil Üsküdar). Erneut war Byzantion in die römischen Thronstreitigkeiten geraten. Bei der Schlacht geht Konstantin, der Augustus des Westens, gegen Licinus, den Kaiser des Ostens, als Sieger hervor. Zu jenem Zeitpunkt hatte Byzantion an Pracht und Schönheit dem alten Rom schon längst den Rang abgelaufen.

Alexander der Große

Mosaik in der Hagia Sophia: Konstantin der Große mit der Stadtmauer Konstantinopels und...

Daten zur Stadtgeschichte

330 Konstantin der Große ernennt Byzantion unter dem Namen Nea Roma zur neuen Hauptstadt des Römischen Reichs und lässt das Stadtgebiet um das Fünffache erweitern. Schon bald darauf setzt sich Constantinopolis (Konstantinopel) als neuer Name durch.

...Kaiser Justinian I. mit dem Kirchenmodell

380 Das Christentum wird Staatsreligion, alle heidnischen Kulte werden verboten.

395 Endgültige Teilung des Römischen Reichs. Die östliche Hälfte, später Byzantinisches Reich genannt, wird Kerngebiet des Christentums mit römischem Recht und griechischer Sprache. Man schätzt, dass zu jener Zeit rund 200 000 Menschen in Konstantinopel lebten.

413 Unter Theodosius II. wird eine neue – noch heute erhaltene – Stadtbefestigung erbaut und die Stadtfläche abermals vergrößert.

527–565 Regierungszeit Kaiser Justinians I. Das Byzantinische Reich erlangt seine größte Blüte und Ausdehnung (von Süditalien bis zum Rand des iranischen Hochlands). Kunst und Kultur gedeihen in Konstantinopel, die Hagia Sophia wird erbaut und bleibt für knapp 1000 Jahre die größte Kirche der Welt. Die Einwohnerzahl wird auf 600 000 bis eine Million geschätzt.

622 Mit der *Hedschra*, Mohammeds Flucht nach Medina, beginnt das erste Jahr islamischer Zeitrechnung.

Ab 636 Die Araber bedrohen das Byzantinische Reich. 716 versuchen sie gar mit 800 Schiffen Konstantinopel anzugreifen – vergebens.

726–843 Die Abbildung Christi, der Apostel und der Heiligen wird als Sünde angesehen. Unzählige sakrale Kunstwerke werden zerstört.

1054 Bruch zwischen der römisch-katholischen und der griechisch-orthodoxen Kirche.

Ab 1071 Die Seldschuken, Turkmenen aus der kirgisischen Steppe, dringen nach Zentralanatolien vor und gründen dort ein Reich, das sich in der Folgezeit bis an die Küstenregionen ausdehnt. Unter dem Ansturm der Mongolen (1243) zerfällt das Reich.

1204–61 Die Kreuzfahrer erobern Konstantinopel, plündern die Stadt und errichten ein lateinisches Kaiserreich. Abwanderung ist die Folge, nur noch 50 000 Menschen zählt die Stadt. Dem nach Nikaia (heute İznik) geflohenen, byzantinischen Hof gelingt 1261 die Rückeroberung Konstantinopels.

1326 Osman (1258–1326), Heerführer und Emir eines turkmenischen Stammes, erobert die westanatolische Stadt Bursa, die daher gerne als die Wiege des Osmanischen Reichs bezeichnet wird.

Chronik

Osman I., Begründer des Osmanischen Reichs (links). Unter Mehmet II. (rechts) wird Konstantinopel 1453 Hauptstadt des Osmanischen Reichs

1453 Die Osmanen löschen mit der Einnahme Konstantinopels das Byzantinische Reich von der Landkarte. Mehmet II. erteilt den Auftrag zum Bau des Topkapı Sarayı. Damit wird aus Konstantinopel, das nun Kostantiniya heißt, die Hauptstadt des Osmanischen Reichs.

1509 Eine Flutwelle lässt die Seemauern der Stadt einstürzen, über 10 000 Menschen sterben. Auslöser des Tsunami ist ein Erdbeben, eines von vielen, das die Stadt heimsuchen wird. Die Gefahr eines schweren Erdbebens ist bis heute gegenwärtig.

1512–20 Unter der Regierungszeit Selims I. werden Syrien und Ägypten erobert, damit kommt das Kalifat an den Bosporus. Kostantiniya ist fortan das Zentrum zweier Religionen, weil auch noch das Orthodoxe Patriarchat hier seinen Sitz hat.

1520–66 Süleyman I., genannt der Prächtige, führt das Osmanische Reich an den Zenit seiner Macht. Unter seiner Regierungs-

Ansicht von Konstantinopel auf einem Kupferstich von Georg Braun und Frans Hogenberg (Köln, um 1575)

Mit ihren sechs Minaretten unverwechselbar: die Blaue Moschee (Sultanahmet Camii)

	zeit werden Bagdad, Belgrad, Rhodos, Ungarn, Georgien, Aserbaidschan und Gebiete Nordafrikas erobert. 1529 stehen seine Truppen gar vor Wien. 75 Minuten braucht die Sonne nun, um über dem Imperium unterzugehen. Für einen florierenden Handel in Kostantiniya sorgen Genuesen, Griechen, Armenier und aus Spanien vertriebene Juden.
1609–16	Bau der Blauen Moschee.
Ab 1638	Die zweite, vergebliche Belagerung Wiens läutet den Untergang des Osmanischen Reichs ein – ein über Jahrhunderte andauernder Prozess.
1875	Der verpasste Anschluss an die industrielle Revolution führt zum wirtschaftlichen Niedergang des Osmanischen Reichs. Der »Kranke Mann am Bosporus« erleidet den Staatsbankrott.
1889	Vom Bahnhof Sirkeci fährt erstmals der Orientexpress ab.
1914–18	Im Ersten Weltkrieg schlagen sich die Türken auf die Seite der Deutschen. Die Siegermächte verteilen die Beute,

Chronik

	fremde Truppen besetzen das Land, das Osmanische Reich besteht nur noch aus Inneranatolien.
1919–22	Mustafa Kemal organisiert den militärischen Widerstand. Seine Truppen schlagen die griechische Armee am Sakarya-Fluss. Die Italiener und Franzosen bekommen es mit der Angst zu tun und ziehen freiwillig ab.
1923	Mit dem Vertrag von Lausanne erkennen die Alliierten die Unabhängigkeit und Souveränität der neuen türkischen Republik an. Das Zentrum der politischen Macht wird von Istanbul in die neue Hauptstadt Ankara verlegt. Noch im gleichen Jahr kommt es zum »Bevölkerungsaustausch«: Etwa 1,4 Millionen Griechen müssen die Türkei verlassen, in entgegengesetzter Richtung sind rund 350 000 Türken unterwegs.
1930	Kostantiniya (Konstantinopel) wird offiziell in Istanbul umbenannt, inoffiziell hatte sich der neue Stadtname schon im 19. Jahrhundert etabliert.
1945	Die Türkei erklärt Deutschland den Krieg. Im selben Jahr wird sie Gründungsmitglied der UNO.
1952	Die Türkei tritt der NATO bei.
1955	Antigriechische Pogromnacht vom 6. auf den 7. September, viele Griechen verlassen daraufhin Istanbul.
Ab 1960	Mehrere Male greift das Militär korrigierend in die Politik des Landes ein, den Ministerpräsidenten Adnan Menderes lässt es hinrichten, Kabinette und Parlamente auflösen. Längere Phasen politischer und wirtschaftlicher Kontinuität bleiben aus.
1973	Bau der ersten Bosporusbrücke.
1974	Türkische Truppen besetzen den Norden Zyperns.
Ab 1984	Im Südosten des Landes fordern türkische Kurden einen eigenen Staat. Jahrelang kommt es immer wieder zu heftigen Kämpfen zwischen Rebellen der PKK und der türkischen Armee. Schätzungsweise 25 000 Menschen verlieren dabei ihr Leben. Auf die Verhaftung des PKK-Chefs Abdullah Öcalan 1999 folgt ein Waffenstillstand, den die PKK 2005 wieder aufkündigt.
1999	Am 17. August trifft ein schweres Erdbeben den Nordwesten der Türkei, rund 18 000 Menschen sterben.
2001	Die Türkei steckt in einer schweren Finanzkrise, ohne Milliardenkredite des Internationalen Währungsfonds stünde sie vor dem Bankrott.
Ab 2002	Aus den Parlamentswahlen geht die »Partei für Gerechtigkeit und Entwicklung« (kurz AKP) als klarer Sieger hervor. Bis heute stellt die AKP den Regierungschef: Recep Tayyip Erdoğan.
2006	Die EU-Beitrittsverhandlungen werden aufgenommen. Der Abschluss der Verhandlungen – sofern es je zu einem Anschluss kommen wird – wird nicht vor dem Jahr 2023 erwartet.
2012	Istanbul bewirbt sich um die Fußball-Europameisterschaft und um die Olympischen Spiele 2020.
2013	Zum 90. Jahrestag der Republik soll die Marmaray, die Metro am Grunde des Bosporus, zwischen Europa und Asien fahren. ■

Daten zur Stadtgeschichte

Mustafa Kemal, der erste Präsident der Türkischen Republik, wird als »Atatürk« (Vater der Türken) hoch verehrt

Atatürk

Atatürks Konterfei grüßt in jedem Geschäft und Restaurant und verabschiedet sich mit jeder Note beim Bezahlen. Kaum einem anderen Staatsmann wird posthum noch solch ein Personenkult zuteil. Als Mustafa Kemal (geb. um 1881, genaues Datum unbekannt) wurde er 1923 zum ersten Präsidenten der Türkischen Republik gewählt. Er säkularisierte und europäisierte den neuen Staat in einem gewaltigen Kraftakt. Unter ihm wurden zahlreiche Reformen durchgeführt: Bildungs- und Schriftreform (Übergang zum lateinischen Alphabet), Einführung von Familiennamen, Umstellung des Ruhetags von Freitag auf Sonntag usw. Unter ihm trat auch eine neue Verfassung in Kraft, die unter anderem die Trennung von Staat und Religion vorsah. Das islamische Recht wurde vom Schweizer Zivilrecht, italienischen Strafrecht und deutschen Handelsrecht abgelöst.

Für seine Verdienste verlieh ihm 1934 das Parlament den Namen Atatürk, »Vater der Türken«. Vier Jahre später starb er in Istanbul. Seine Gebeine ruhen im Atatürk-Mausoleum in Ankara. Das Militär des Landes sieht sich bis heute als Verwalter von Atatürks geistigem Erbe und als Hüter des Laizismus (Trennung von Religion und Staat). So steht es in klarer Gegnerschaft zu islamischen Fundamentalisten und linksradikalen Gruppierungen.

Service von A–Z und Sprachführer

Istanbul in Zahlen und Fakten 80
Anreise, Einreise 81
Auskunft 81
Diplomatische Vertretungen 82
Feiertage, Feste, Veranstaltungen 82
Frauen 83
Geld, Banken, Kreditkarten 83
Hinweise für Menschen mit Behinderungen 84
Internet 84
Klima, Kleidung, Reisezeit 84
Medizinische Versorgung 84
Notfälle, wichtige Rufnummern 85
Post, Briefmarken 85
Presse 86
Sicherheit 86
Sightseeing, Touren 86
Sprachhilfen 86
Strom 88
Telefonieren 88
Trinkgeld 88
Verkehrsmittel 89
Zeitzone 91
Zoll 91

Istanbul in Zahlen und Fakten

Fläche: Das Stadtgebiet Istanbuls, das sich auf dem europäischen und dem asiatischen Kontinent erstreckt, besitzt eine Fläche von ca. 5600 km², das ist mehr als die doppelte Fläche von Luxemburg.
Einwohnerzahl: 13–15 Mio., keiner weiß das so genau.
Bevölkerungsgruppen: 85,7 % Türken, 10,6 % Kurden, 1,6 % Araber. Weitere Minderheiten sind Griechen, Armenier, Lasen, Tscherkessen, Georgier und muslimische Bulgaren.
Religion: 99 % der türkischen Bevölkerung bekennen sich zum Islam. Der Rest setzt sich aus Juden sowie armenischen und syrisch-orthodoxen Christen zusammen.
Bildung: In Istanbul gibt es 30 Universitäten, eine Türkisch-Deutsche kommt zum Wintersemester 2013/14 hinzu.
Wirtschaft: Die Türkei erlebte in den letzten Jahren ein Wirtschaftswachstum, das weltweit zuweilen nur noch China toppen konnte. Einer der Motoren dieses Booms ist Istanbul, wo sich zwei Fünftel aller gewerblichen Arbeitsplätze und ca. 40 % der türkischen Industriebetriebe konzentrieren.
Tourismus: Istanbul zählte 2012 9 Mio. Touristen.

Service von A–Z

Anreise, Einreise

Istanbul besitzt zwei Flughäfen, den zentrumsnahen **Atatürk Havalimanı** ➡ aD2 auf der europäischen Seite und den **Sabiha Gökçen Havalimanı** ➡ aE5 auf der asiatischen Seite. Beide Flughäfen werden von diversen Fluggesellschaften aus dem deutschsprachigen Raum angesteuert.

Um vom Atatürk-Flughafen ins Zentrum (Stadtteil Sultanahmet) zu gelangen, nimmt man die Metro M1 bis zur Station Zeytinburnu und steigt dort auf die Straßenbahn bis Sultanahmet um. In den Stadtteil Taksim verkehren regelmäßig Busse der Gesellschaft Havataş. Auch vom Sabiha-Gökçen-Flughafen fahren Havaş-Busse nach Taksim.

Neben der Anreise mit dem Flugzeug besteht theoretisch auch die Möglichkeit, per Bus, Bahn und dem Auto nach Istanbul zu gelangen. Von Wien bis Istanbul müssen dafür jedoch rund 1200 km zurückgelegt werden, von Hamburg knapp 2000 km!

Sofern man mit dem Flugzeug anreist, genügt für Urlauber aus Deutschland und der Schweiz bei der Einreise der Personalausweis bzw. die Identitätskarte. Für Österreicher besteht Visumspflicht, das Visum ist am Zielflughafen für € 15 erhältlich. Kinder benötigen einen eigenen Kinderreisepass mit Lichtbild.

Auskunft

Türkische Fremdenverkehrsämter:

In Deutschland
– Tauentzienstr. 9–12
10789 Berlin
℅ (030) 214 37 52
Fax (030) 214 39 52
– Baseler Str. 37
60329 Frankfurt
℅ (069) 23 30 81
Fax (069) 23 27 51
www.goturkey.com

In Österreich
Singerstr. 2/8
1010 Wien
℅ (01) 512 21 28
Fax (01) 513 83 26
www.goturkey.com

In der Schweiz
Stockerstr. 55
8001 Zürich
℅ (01) 221 08 10
Fax (01) 212 17 49
www.goturkey.com

Touristeninformationen in Istanbul
Es gibt mehrere Informationsstellen, die sich über das Stadtzentrum verteilen. Das Personal spricht in der Regel fließend deutsch oder englisch. Gut beraten wird man hier:

Tourist Information Sultanahmet
➡ H7
Sultanahmet Meydanı
℅ (02 12) 518 87 54
Fax (02 12) 518 18 02
Tägl. 9–17 Uhr

Tourist Information in Taksim
➡ B8
Mete Caddesi 6
℅ (02 12) 233 05 92
Tägl. 9–17.30 Uhr

Kulturinstitute:

Goethe-Institut ➡ C7
Yeni Çarsı Caddesi 32, Beyoğlu
℅ (02 12) 249 20 09
Fax (02 12) 252 52 14
www.goethe.de/Istanbul

Österreichisches Kulturforum
➡ aB3
Köybaşı Caddesi 44, Yeniköy
℅ (02 12) 363 84 15
Fax (02 12) 223 34 69
www.bmeia.gv.at/kultur/istanbul

Service von A–Z

Diplomatische Vertretungen

Türkische Botschaft in Deutschland
Tiergartenstr. 19–21, 10785 Berlin
✆ (030) 27 58 50
Fax (030) 27 59 09 15
www.berlin.be.mfa.gov.tr

Türkische Botschaft in Österreich
Prinz-Eugen-Str. 40
1040 Wien
✆ (01) 505 73 38-0
Fax (01) 505 36 60
www.viyana.be.mfa.gov.tr

Türkische Botschaft in der Schweiz
Lombachweg 33
3000 Bern 15
✆ (031) 359 70 70
Fax (031) 352 88 19
www.bern.be.mfa.gov.tr

Deutsches Generalkonsulat in Istanbul ➡ B/C9
İsmet İnönü Caddesi 10, Taksim
✆ (02 12) 334 61 00
Fax (02 12) 249 99 20
www.istanbul.diplo.de

Österreichisches Generalkonsulat in Istanbul ➡ aB3
Köybaşı Caddesi 46, Yeniköy
✆ (02 12) 363 84 10
Fax (02 12) 262 26 22
www.aussenministerium.at/botschaft/istanbul

Schweizerisches Generalkonsulat in Istanbul ➡ nördl. A10
Büyükdere Caddesi 173
Levent
✆ (02 12) 283 12 82
Fax (02 12) 283 12 97
www.eda.admin.ch/istanbul

Feiertage, Feste, Veranstaltungen

Feiertage:

1. Januar (Neujahr)
23. April (Unabhängigkeitstag)
1. Mai (Frühlingsfest)

Der Innenhof der Blauen Moschee

Service von A–Z

Ramazan
So bezeichnen die Türken den islamischen Fastenmonat. 30 Tage lang darf der Gläubige zwischen Sonnenauf- und -untergang nicht essen, trinken, rauchen oder Geschlechtsverkehr haben. In konservativen Stadtteilen sind während der Fastenzeit viele Lokale geschlossen, in anderen merkt man kaum einen Unterschied zu den anderen Monaten. Der Ramazan beginnt 2013 am 9. Juli und endet mit dem Zuckerfest (s. u.).

19. Mai (Tag der Jugend und des Sports)
29. Mai (Eroberung Istanbuls 1453)
30. August (Gedenktag anlässlich des Sieges über die Griechen im Jahr 1922)
8.–10. Aug. 2013 (Zuckerfest; Şeker Bayramı)
29. Okt. (Tag der Republik)
15.–18. Okt. 2013 (Opferfest; Kurban Bayramı).

Feste, Veranstaltungen:

April
Orthodoxes Osterfest – Ostermesse im Griechisch-Orthodoxen Patriarchat
Tulpenfest – in Emirgân, der Emirgân-Park ist bekannt für seine Tulpengärten, in denen über 1000 verschiedene Sorten gezüchtet werden.
Mai
Internationales Theaterfestival – auf verschiedenen Bühnen der Stadt; nur in geraden Jahren (www.iksv.org).
Juli
Sommerkonzerte in der Festung Rumeli Hisarı – regelmäßig Rock- und Popkonzerte bei traumhaftem Bosporusblick.
Oktober
Eurasia Marathon – Die Teilnehmer laufen über die Bosporusbrücke, die sonst für Fußgänger gesperrt ist (www.istanbulmarathon.org).
November
Efes Pilsen Blues Festival – findet im ganzen Land statt, zwei Abende in Istanbul

Weitere Feste und Veranstaltungen finden Sie im Kapitel Kultur und Unterhaltung, S. 64.

Frauen

Es ist grundsätzlich kein Problem, als alleinreisende ausländische Frau Istanbul zu besuchen. Um Unannehmlichkeiten in konservativen Vierteln vorzubeugen, ist es ratsam, dezente Kleidung zu tragen, formell und höflich zu bleiben sowie übertriebene Freundlichkeit und Augenkontakt zu meiden – beides wird gern fehlinterpretiert.

Bei Taxifahrten setzt man sich besser auf die Rückbank und bei Busreisen neben eine Frau – man hat das Recht darauf!

Keine Sorge zudem beim Besuch von Diskotheken: Mit dem Hinweis *Damsız girilmez* (»Eintritt ohne weibliche Begleitung verboten«) wird in zahlreichen Clubs versucht, Kontakt suchende Machos von Frauen fernzuhalten.

Geld, Banken, Kreditkarten

Obwohl die Preise in Istanbul weit über dem Landesdurchschnitt liegen, ist die Stadt gemessen an mitteleuropäischen Maßstäben noch immer ein relativ günstiges Reiseziel. Aber Achtung: Szenebars und -restaurants verlangen zuweilen Preise wie in Paris!

Die jeweils aktuellen Preise vor Ort können sich aufgrund von

Service von A–Z

Wechselkursschwankungen erheblich von denen in diesem Buch angegebenen unterscheiden.

Gesetzliches Zahlungsmittel ist die Türkische *Lira (Türk Lirası, kurz TL)*. Im Umlauf sind Banknoten im Wert von 5, 10, 20, 50, 100 und 200 TL, zudem Münzen zu 1 TL sowie zu 1, 5, 10, 25 und 50 Kuruş (KR, 100 KR = 1 TL). Wechselstuben gibt es in den Flughäfen Istanbuls und an allen touristischen Ecken der Stadt. Auch Bankautomaten sind weit verbreitet.

Der Wechselkurs zum Zeitpunkt der Drucklegung (Nov. 2012) betrug 1 € = 2,27 TL, 1 TL = 0,44 €.

Der Kurs beim Abheben mit der Bankkarte ist – sofern man höhere Beträge zieht – im Endeffekt meist besser als beim Barumtausch. Kreditkarten werden in allen besseren Restaurants, Hotels und Geschäften akzeptiert.

Eine verlorene Kredit- oder Maestro-Karte können Sie über die Servicenummer +49-116 116 sperren lassen.

Hinweise für Menschen mit Behinderungen

Behindertengerechte Einrichtungen wie beispielsweise rollstuhlfahrerfreundliche Toiletten findet man nur selten und wenn doch, dann sind sie wie in Deutschland meist verschlossen. Es gibt leider auch kaum Hotels und Reiseveranstalter, die sich auf Behindertenreisen nach Istanbul spezialisiert haben.

Internet

Offizielle Seiten des türkischen Fremdenverkehrsamtes: www.goturkey.com
Deutschsprachiges Magazin zum Land und zur Bosporusmetropole: www.istanbulpost.net

Veranstaltungen/Kartenvorverkauf: www.biletix.com
Informationen zum Kulturleben: www.timeoutistanbul.com (türk./engl.)

Klima, Kleidung, Reisezeit

Das späte Frühjahr und der Herbst sind ideal für eine Städtereise nach Istanbul. Der Sommer, wenn die durchschnittlichen Höchsttemperaturen auf über 30 °C ansteigen, ist extrem schweißtreibend. Der Winter kann nasskalt und windig sein. Im Sommer genügt leichte Kleidung; kurze Hosen oder Röcke eigenen sich jedoch nicht für den Besuch von Moscheen.

Im Frühjahr und Herbst ist ein warmer Pulli für den Abend ratsam, vom Bosporus weht dann oft eine kühle Brise. Auch ein Regenschirm sollte zwischen Oktober und März im Gepäck sein. Die durchschnittliche Tiefsttemperatur im Januar beträgt 3 °C und die durchschnittliche Höchsttemperatur gar 9 °C, doch es kommt im Winter immer wieder zu Kälteeinbrüchen, bei denen das Thermometer weit unter die Null-Grad-Grenze sinkt.

Medizinische Versorgung

Auch wenn zwischen Ihrem Land (Deutschland, Österreich oder Schweiz) und der Türkei ein Sozialversicherungsabkommen besteht, ist der Abschluss einer privaten **Auslandskrankenversicherung** ratsam: Privatärzte und private Krankenhäuser sind in der Regel besser ausgestattet als die staatlichen, zudem gewährleistet eine private Auslandskrankenversicherung meist auch den Rücktransport.

Falls man eine **Apotheke** aufsuchen muss, hält man nach einer *Eczane* Ausschau. Schutzimpfun-

Service von A–Z

Schuhputzer mit ihren prächtigen Putzkisten in den Straßen von Istanbul

gen sind nicht vorgeschrieben. Es wird jedoch geraten, sich vor Reiseantritt gegen Tetanus, Diphterie, Polio und Hepatitis A impfen zu lassen. Viele Medikamente, die es in Deutschland gibt, bekommt man auch in Istanbul, jedoch häufig unter einem anderen Namen. Medikamente, auf die man ständig angewiesen ist, sollte man vorsichtshalber lieber im Gepäck haben.

Zu den gängigsten Touristenkrankheiten gehören Erkältungen und Darminfektionen (durch landesweites Vorkommen von Parasiten, Bakterien und Viren). Ein altbewährtes Hausmittelchen gegen Durchfall ist das Herunterwürgen eines kleinen Löffels Teeblätter und/oder gesalzenen Schwarzen Tees. Stellt sich in kürzester Zeit keine Besserung ein, sollte man in jedem Fall einen Arzt aufsuchen. Zwei Adressen für den Notfall mit englisch- und je nach Besetzung zuweilen auch deutschsprachigen Ärzten sind das Krankenhaus **Alman Hastanesi** ➜ C8 (Sıraselviler Caddesi 71, Taksim, ℂ 02 12-293 21 50) und das österreichische **Sen Jorg Hastanesi/St.-Georgs-Hospital** ➜ E6 (Berketzade Medresesi Sokak 3, Karaköy, ℂ 02 12-292 62 20).

Notfälle, wichtige Rufnummern

Vorwahl Türkei: +90
Vorwahl Istanbul ℂ 02 12
Polizei ℂ 155
Touristenpolizei ℂ (02 12) 527 45 03
Feuerwehr ℂ 110
Ambulanz ℂ 112
Deutsches Krankenhaus ℂ (02 12) 293 21 50
Notrufnummer des ADAC ℂ (02 12) 288 71 90

Post, Briefmarken

Postämter (und Briefkästen) erkennt man an den gelben Schildern mit den drei schwarzen Buchstaben PTT *(Posta, Telefon, Telegraf)*.

Die Hauptpost befindet sich im Stadtteil Sirkeci in der Büyük Posthane Caddesi und ist täglich von 8.30 bis 17 Uhr geöffnet. Bis eine Postkarte in der Heimat angekommen ist, vergeht ungefähr eine Woche.

Presse

Deutsche Zeitungen und Zeitschriften bekommt man überall dort, wo sich deutsche Urlauber tummeln. In Beyoğlu gibt es auch eine Türkisch-Deutsche Buchhandlung. Die großen, internationalen Hotels bieten ihren Gästen zudem deutsches Fernsehen über Satellit. Auf welcher Frequenz man die Deutsche Welle erreicht, erfährt man unter www.dw-world.de.

Zu den meistverkauften türkischen Zeitungen zählen das Boulevardblatt *Sabah* (»Der Morgen«, gemäßigt rechts), *Hürriyet* (»Die Freiheit«, national gesinnt, militärfreundlich) und *Milliyet* (»Die Nation«). Die renommierteste Tageszeitung ist jedoch die linksliberale *Cumhuriyet* (»Die Republik«).

Sicherheit

In Istanbul müssen Sie wie in allen Großstädten der Welt damit rechnen, dass Betrüger und Trickdiebe die Reisekasse plündern wollen. Achten Sie daher vor allem im Gedränge auf Ihre Sachen. Aktuelle Informationen zur Sicherheitslage in der Türkei hält das Auswärtige Amt unter www.auswaertiges-amt.de bereit.

Sightseeing, Touren

Von Sultanahmet (gegenüber der Hagia Sophia) und vom Busbahnhof in Taksim starten Sightseeing-Busse zu diversen **halb- und ganztägigen Rundfahrten**. Zig verschiedene Touren werden angeboten, sehr populär sind jene durch Sultanahmet inkl. Besichtigung der Hagia Sophia, des Großen Basars und der Blauen Moschee. Es gibt aber auch Touren zu den bedeutendsten Moscheen der Stadt und durch den Topkapı-Serail, Touren zum Dolmabahçe-Palast und zu den schönsten Bosporusorten.

Die Veranstalter haben außerdem **Bosporusfahrten** im Programm, entweder als gemütliche Tagestour, bei der man auch am asiatischen Ufer anlegt, oder als Abendunterhaltung mit Dinner an Bord. Bootstouren können auch leicht selbst organisiert werden, Privatboote und das offizielle Linienschiff starten vom Fährhafen in Eminönü. Über die verschiedenen Sightseeing-Touren informieren Prospekte, die in den meisten Hotels ausliegen. Wer an der Rezeption bucht, erhält in der Regel auch einen Pickup-Service vom Hotel.

Einer der größten Tourenveranstalter vor Ort ist **Plan Tours** (℡ 02 12-234 77 77, www.plantours.com), der auch mit Ständen am Taksim-Platz und gegenüber der Hagia Sophia vertreten ist. Plan Tours unterhält auch einen sogenannten *Hop-on-Hop-off-Bus*. Dabei handelt es sich um einen Doppeldeckerbus, der stündlich eine Tour vorbei an den meisten großen Sehenswürdigkeiten der Stadt fährt. Mit einem Ticket kann man an einem Tag so oft zu- und aussteigen, wie man will.

Sprachhilfen

Deutsch ist in der Türkei neben Englisch die führende Fremdsprache, in touristischen Ecken ist mit keinen großen Verständi-

Rituelle Waschung vor der Nuruosmaniye-Moschee am Osteingang des Großen Basars

Der Islam

Der Islam (arab. = Unterwerfung, Hingabe) ist die jüngste der großen Weltreligionen. Nach islamischer Auffassung ist Allah Schöpfer und Bewahrer aller Dinge und allen Lebens. Er versorgt, führt und richtet die Menschen, wobei sich das Richten auf den Tag des Jüngsten Gerichts bezieht, an dem die »Geretteten« ins Paradies eingehen, während die »Verdammten« in die Hölle absteigen.

Die grundlegenden Quellen der islamischen Glaubenslehre sind Koran und Sunna. Dabei wird der Koran als das authentische Wort Gottes verstanden, das dem Religionsstifter Mohammed durch den Erzengel Gabriel übermittelt wurde. Die Sunna überliefert dagegen exemplarisches Handeln des Propheten.

Die fünf Säulen des Islam kennzeichnen die Pflichten, die zentrale Bestandteile im Leben eines jeden Moslems sein sollen. Die erste Pflicht ist das Glaubensbekenntnis *(Kelimei şahadet:* »Ich bezeuge, dass es keinen Gott gibt außer Allah, und Mohammed ist sein Prophet ...«), die zweite sind die fünf täglichen Gebete *(Namaz)* mit den vorgeschriebenen Waschungen, die dritte ist die Almosengabe an Bedürftige *(Zekat),* die vierte das Einhalten des Fastenmonats *Ramazan* und die fünfte die Pilgerfahrt nach Mekka *(Haç).*

Bei einigen Geboten gibt es Spielraum. So braucht der Muslim seine Pilgerfahrt nur dann durchzuführen, wenn es ihm (finanziell) möglich ist. Die Waschungen können notfalls ohne Wasser, d. h. als bloßes Ritual, ausgeführt werden, und schwangere Frauen können aus gegebenem Anlass die Fastenzeit verschieben. Die Rolle, die der islamische Glaube in Istanbul einnimmt, ist von Stadtteil zu Stadtteil verschieden. In unbeschwerten, westlich orientierten Vierteln wie Taksim oder Beyoğlu tendiert sie gar gegen null. Ganz anders hingegen ist die Situation in erzkonservativen Ecken wie Fatih oder Eyüp.

Service von A–Z

gungsproblemen zu rechnen. Einige Worte Türkisch sind jedoch vielerorts Gold wert:

Guten Tag	– İyi günler
Auf Wiedersehen	– Allaha ısmarladık (sagt der Gehende)
Auf Wiedersehen	– Güle güle (sagt der Bleibende)
Guten Morgen	– Günaydın
Guten Abend	– İyi akşamlar
heute	– bugün
morgen	– yarın
Wie geht es Ihnen?	– Nasılsınız?
gut/schlecht	– İyi/kötü
bitte	– lütfen
danke	– teşekkür ederim
ja	– evet
nein	– hayır
Wieviel kostet das?	– Ne kadar?
wo	– nerede
wann	– ne zaman
offen	– açık
geschlossen	– kapalı
Sonntag	– pazar
Montag	– pazartesi
Dienstag	– salı
Mittwoch	– çarşamba
Donnerstag	– perşembe
Freitag	– cuma
Samstag	– cumartesi
0	– sıfır
1	– bir
2	– iki
3	– üç
4	– dört
5	– beş
6	– altı
7	– yedi
8	– sekiz
9	– dokuz
10	– on
11	– on bir
12	– on iki
20	– yirmi
21	– yirmi bir
30	– otuz
40	– kırk
50	– elli
60	– altmış
70	– yetmiş
80	– seksen
90	– doksan
100	– yüz
150	– yüz elli
200	– iki yüz
1000	– bin
2000	– iki bin

Strom

Die Stromspannung beträgt 230 Volt. In der Regel benötigt man für mitgebrachte Geräte keinen Adapter. Zur Sicherheit kann man sich jedoch einen Adapter für Südosteuropa ins Gepäck legen.

Telefonieren

Überall in Istanbul hat man mit dem Handy einen guten Empfang. Preiswerter telefoniert man in der Regel jedoch von öffentlichen Kartentelefonen. Telefonkarten bekommt man bei allen Postämtern und an vielen Kiosken.

Die **Vorwahl für Deutschland** ist +49, für **Österreich** +43 und für die **Schweiz** +41 (danach die 0 der Regionalvorwahlnummer weglassen). Umgekehrt, also in die **Türkei**, funktioniert dies genauso mit der +90. Die Vorwahl für die europäische Seite von **Istanbul** lautet 02 12, für die asiatische 02 16. Wichtige Rufnummern finden Sie S. 85.

Trinkgeld

Als Trinkgeld gibt man in Restaurants (nicht in einfachen *Lokantas!*) oder beim Friseur etwa 10 % vom Preis. Taxifahrer gehen bei Fahrten mit Türken leer aus, von Ausländern erwarten sie jedoch ein Trinkgeld. Dem Gepäckträger im Hotel steckt man eine Lira zu.

Die Straßenbahnlinie T3 in Moda ist eine am 1. November 2003 als »nostalgisch« eröffnete Straßenbahn zwischen Kadıköy und Moda im asiatischen Teil der Stadt

Verkehrsmittel

Gleich vorweg: Wer viel sehen will, muss viel laufen. Denn das öffentliche Nahverkehrssystem Istanbuls bringt Sie meist nur in die Nähe eines Ziel, die letzten Meter müssen dann zu Fuß zurückgelegt werden.

Zeitfahrkarten, die für alle öffentlichen Verkehrsmittel gelten, gibt es für Touristen nicht. Praktisch ist jedoch die Anschaffung der **Istanbulkart**, die man für 6 TL an diversen Kiosken und Verkehrsknotenpunkten erstehen kann und mit der man gegenüber dem Kauf von Einzelfahrscheinen erheblich spart. Auf das elektronische Ticket kann jeder gewünschte Betrag geladen werden. In den Verkehrsmitteln (Bus) bzw. an den Drehkreuzen, die am Zugang stehen (Fähre, Straßenbahn oder Metro), wird der entsprechende Fahrpreis dann an Leseterminals abgezogen. Nähere Infos unter www.iett.gov.tr.

Straßenbahn, Metro und Vorortbahn

Die für Touristen wichtigste Straßenbahnlinie *(Tramvay)* T1 führt vom Stadtteil Zeytinburnu ganz im Westen Istanbuls durch das historische Zentrum (Beyazıt, Sultanahmet, Sirkeci und Eminönü) und über die Galatabrücke (Karaköy) bis nach Kabataş. Von Karaköy besteht die Möglichkeit, mit der Linie T, der sog. *Tünel*-Bahn, einer U-Bahn im Miniformat, hinauf ins Vergnügungsviertel Beyoğlu zu gelangen. Alternativ kommt man auch von Kabataş mit der ebenfalls sehr kurzen Metro *(Fünikäler)* F1 hinauf zum Taksim-Platz. Beyoğlu und den Taksim-Platz verbindet die historische Straßenbahn NT.

Die Metrolinie M2 führt von Hacıosman über das Bankenviertel Levent zum Taksim-Platz und weiter nach Şişhane (nur ein paar Schritte von der oberen *Tünel*-Station entfernt). Diese

Service von A–Z

Fährverkehr zwischen Orient und Okzident

Metrolinie wird ausgebaut; Ende Oktober 2013 soll sie über das Goldene Horn bis zum neuen Hauptbahnhof Yenikapı führen. Von Yenikapı wird dann die Marmaray über Sirkeci hinüber nach Üsküdar und weiter bis zum neuen Hauptbahnhof Söğütlüçeşme auf asiatischer Seite fahren. Dabei geht es in rund 60 m Tiefe unter dem Bosporus hindurch.

Vom Bahnhof Sirkeci fährt schließlich noch die Vorortbahn *(Banliyö Treni)* B1 entlang dem Marmarameer gen Westen – ideal für Ausflüge nach Kumkapı mit seinen vielen Fischlokalen.

Bus
Die wichtigsten innerstädtischen Busbahnhöfe befinden sich in Eminönü und am Taksim-Platz. Gewisse Strecken kann man mit dem *Dolmuş* zurücklegen. *Dolmuşe* sind Sammeltaxis in der Größe eines Ford Transit, eine Tafel hinter der Windschutzscheibe gibt das Fahrtziel an.

Taxi
Taxifahren ist preiswert, jedoch gibt es viele Schlitzohren unter den Taxifahrern – achten Sie darauf, dass das Taxameter eingeschaltet ist. Die meisten Taxifahrer kennen sich nur in ihrem Stadtteil aus. Wer weniger bekannte Sehenswürdigkeiten in anderen Vierteln mit dem Taxi ansteuern will, sollte für den Fahrer einen Stadtplan dabei haben.

Service von A–Z

Fähre

Der bedeutendste Fährhafen der Stadt ist Eminönü südlich der Galatabrücke, von dort gelangt man auf die asiatische Seite Istanbuls und hinein ins Goldene Horn und kann zudem Bosporustouren unternehmen. Die Fähren auf die Prinzeninseln starten vom Fährhafen im Stadtteil Kabataş nördlich des Goldenen Horns.

Zeitzone

Bei Ihrer Ankunft müssen Sie die Uhr eine Stunde vorstellen, egal ob im Sommer oder Winter (12 Uhr Frankfurt = 13 Uhr Istanbul)!

Zoll

Gegenstände des persönlichen Bedarfs dürfen zollfrei mitgebracht werden, außerdem Geschenke im Wert von bis zu € 300. Führen Sie unter gar einen Umständen antiken Gegenstände (das gilt auch für alte Siegel, Orden, Münzen, Teppiche oder gar Steine von Bauwerken) aus der Türkei aus. Es drohen hohe Gefängnisstrafen! ■

Die Hagia Sophia oder Sophienkirche ist eine ehemalige byzantinische Kirche, spätere Moschee und heute ein Museum

Register

Die **fetten** Seitenzahlen verweisen auf ausführliche Erwähnungen, *kursiv* gesetzte Begriffe und Seitenzahlen beziehen sich auf den Service.

Ägyptischer Basar 6, 16, **17**, **45**, 59, 66
Ägyptischer Obelisk 47
Ahrida-Synagoge 23, 39
Anadolu Kavağı 26, 28
Anatolische Festung 28, 32
Anreise, Einreise 81
Apartments, Ferienwohnungen 53
Arasta Bazaar 15
Archäologischer Park 8, 14, **30**
Archäologisches Museum 6, 8, **12**, **30**, 46
Arnavutköy 26
At Meydanı 8, **15 f.**, **46 f.**
Atatürk 13, 21, 23, 31, 32, 51, 68, **79**
Atatürk-Brücke 25
Atatürk-Kulturzentrum 21, 64
Atatürk-Museum 31
Auskunft 81 f.
Ayasofya Meydanı 13, 14
Ayvansaray 24

Bahnhof Sirkeci 8, 12, 77, *90*
Balat 23 f.
Bars 61
Basare 66 f.
Bauchtanz-Lokale 63
Bebek 26
Belgrader Wald 21, **47**, 49
Beşiktaş 25 f., 72
Beyazıt Meydanı 18
Beyazıt-Moschee 16, 18, 34, **40**
Beykoz 28
Beylerbeyi-Palast 28, 31
Beyoğlu 5, 6, 7, 19, **20 f.**, 37, 49, 50, 52, 53, **56 f.**, 60, 61, 66, 68, 69, *86, 87, 89, 90*
Blaue Moschee 6, 7, 8, **15**, 35, **40**, 53, 57, 58, 77, *86*
Blumenpassage 16, 21, **56**
Bosporusfahrt 7, **26**, **70 f.**, *86*
Bücher 68
Bücherbasar 18, 66 f.
Burgazada 29
Büyükada 29, 71

Çemberlitaş-Hamam 16, 18, **73**
Chora-Museum 7, 31
Çırağan-Palast 26
Cumhuriyet Anıtı 21

Dachterrassen 7
Dance- und Jazzclubs 62 f.
Diplomatische Vertretungen 82
Divan Yolu 18
Dolmabahçe-Moschee 25
Dolmabahçe-Palast 25, **31 f.**, 36, *86*

Elgiz Museum für zeitgenössische Kunst 32
Eminönü 16, 17, 18, 19, 22, 26, *86, 89, 90, 91*
Emirgân 26, *83*
Europäische Festung 26, 28, **32**, *83*

Eyüp 7, 24, *87*
– Pierre-Loti-Café 7, **24**, **59**
Eyüp-Sultan-Moschee 24, **40**

Fatih 22, 69, *87*
Fayencenschlösschen 12, 30
Feiertage, Feste, Veranstaltungen 82 f.
Fener 22 f.
Frauen 83
Freizeitparks, Ausflüge 70 f.
Fußballstadien 73

Galata 19
Galatabrücke 7, 16, **19**, 27, *89, 91*
Galatasaray-Gymnasium 21, 69
Galataturm 16, 20, **47**, 53, 63
Geld, Banken, Kreditkarten 83 f.
Goldenes Horn 7, 19, **22 ff.**, 45, 47, 49, 52, 59, *91*
Griechen 23
Griechisch-orthodoxes Patriarchat 23, **40**, 77, *83*
– Patriarchatskirche Hagios Georgios 40
– Bibliothek 40
Großer Basar 6, 16, 17, **18**, 43, **47**, 58, 59, **66**, 69, *86*
Gülhane-Park 8, 12, **72**

Hagia Sophia 4, 6, 7, 8, **13 f.**, 31, **32 f.**, 41, 49, 52, 75, *86*
– Kaiserportal 13
– Galerien 13 f.
Hagia-Eirene-Kirche 10, 65
Hamam 72 f.
Hasköy 24
Heybeliada 29
Hinweise für Menschen mit Behinderungen 84
Hippodrom vgl. At Meydanı
Hotels, Hostels 50 ff.

İbrahim-Pascha-Palast 8, 16, **33**
– Museum für türkische und islamische Kunst vgl. dort
Industriemuseum 24, **33**, **71**
Internet 84
Islam 87
İstanbul Akvaryum 70
İstanbul Modern 7, 33 f.
İstanbul in Zahlen und Fakten 80
İstiklal Caddesi 16, **20 f.**, 68

Kadıköy 27, **28**, 61, 70, 74
Kadırga 15
Kaiser-Wilhelm-Brunnen 47
Kalenderhane-Moschee 41
Kalligraphie-Museum 18, 34
Kanlıca 26, 28
Karaca-Ahmed-Friedhof 28
Karaköy 16, 19, 49, *89*
Kılıç-Ali-Pascha-Moschee 41
Kınalıada 29
Kirche der Hl. Maria der Mongolen 23, 41
Kirche St. Stephan von Bulgarien 23 f.
Kleidung 68
Klima, Kleidung, Reisezeit 84

Register

Konstantinssäule 16, 18
Küçüksu-Palast 28, 34
Kulturelle Events 65
Kumkapı 7, 59, *90*
Kunsthandwerk 68 f.

Laleli 45, 50
Leanderturm 28, 47 f.
Leb-i Derya Richmond 7, 61
Lindenpavillon 34
Livemusik 61 f.

Marienkirche Pammakaristos, ehemalige 23, 32
Marinemuseum 25 f., **34 f.**, 71
Medizinische Versorgung 84 f.
Mehmet-Fatih-Hängebrücke 25
Mevlevi-Kloster 16, 20, **35**
Militärmuseum 35
Molla-Zeyrek-Moschee 41 f.
Mosaikenmuseum 8, 15, **35**
Moschee Mehmets des Eroberers 22, 42
Moscheen 42
Münze 10
Museen 71
Museum der Osmanischen Bank 16, 20, **36**
Museum der Palastsammlungen 25, 36
Museum der türkischen Juden 16, 19, **39**
Museum für Geschichte der Wissenschaft und Technologie im Islam 8, 12, **35 f.**, 72
Museum für Malerei und Skulptur 25, **36**
Museum für türkische und islamische Kunst 8, 16, **33**

Neue Moschee 16, 17, **42 f.**
Nevizade Sokak 16, 21, **57**
Notfälle, wichtige Rufnummern 85
Nuruosmaniye-Moschee 43
Nusretiye-Moschee 41

Obelisk Konstantins VII. Porphyrogennetos 46
Ortaçeşme 28
Ortaköy 26, 58, 60
Osmanische Kanonengießerei 41

Parks 72
Pera-Museum 37
Pera Palace Hotel 20, 51
Peter-und-Paul-Kirche 20
Pierre-Loti-Café vgl. Eyüp
Post, Briefmarken 85
Presse 86
Prinzeninseln **29**, 71, 72, *91*
Prinzen-Moschee 43

Ramazan 83
Restaurants und Cafés 56 ff.
Rumeli Kavağı 26, 27
Rüstem-Pascha-Moschee 16, 17, **43**

Sadberk-Hanım-Museum 27, 37
Sakıp-Sabancı-Museum 26 f., 37

Şale-Pavillon 26, **37**, 72
Santral İstanbul 37 f., 65
Sarayburnu 9
Sarıyer 26, 27, 72
Schlangensäule 46
Sedef Adası 29
Sergius-und-Bacchus-Kirche 8, 15, **43 f.**
Shoppingcenter 67 f.
Sicherheit 86
Sightseeing, Touren 86
Sinan, Koca Mimar 41, 42, 43, 44, 45, **48**
Sirkeci 35, 50, *85, 89*
Sivriada 29
Soğukçeşme Sokak 8, 12
Sokullu-Mehmed-Pascha-Moschee 8, 15, **44**
Sprachhilfen 86 ff.
Strom 88
Süleymaniye-Moschee 16, 17, 22, **44 f.**, 59
Sultanahmet 7, 9, 12, 18, 46, 50, 57 f., *81, 86, 89*
Sultan-Selim-Moschee 45

Taksim 6, 50, 53, 60, *81, 86, 87, 89*
Taksim-Platz 16, **21**, 31, 51, 68, *86, 89, 90*
Telefonieren 88
Teppiche 68 f.
Theater, Oper, Konzert, Ballett 64 f.
Theodosianische Landmauer 24, 38, **48 f.**
Tophane-Brunnen 41
Topkapı 48
Topkapı-Palast 4, 6, 8, **9 ff.**, 12, 18, 32, **38**, 59, 65, 72, 76, *86*
– Audienzsaal 11
– Brunnen Ahmets III. 9
– Diwan 10
– Harem 10, 38
– Palastküchen 10 f., 38
– Sammlung des Heiligen Mantels des Propheten 11, 38
– Schatzkammer 11, 38
Trinkgeld 88
Trödel- und Wochenmärkte 69
Tulpenmoschee 45
Tünel Meydanı 20
Tünel-Bahn 16, 19, 20, 21, **49**, 57, *89*

Unterirdische Moschee 45
Üsküdar 27, 28, 47, 71, 72, 74

Valens-Aquädukt 49
Verkehrsmittel 89 ff.

Yassıada 29
Yedikule-Kastell 38 f., 49
Yerebatan-Zisterne 6, 8, **14 f.**, 49
Yıldız-Palast 26, **39**, 72
Yıldız-Park **26**, 37, 39, **72**

Zeitzone 91
Zoll 91
Zülfaris-Synagoge 19, 39
– Museum der türkischen Juden vgl. dort

Go Vista Plus CITY & INFO GUIDES

Jetzt auch mit Reise-App für Smartphones erhältlich

Go VISTA — Reise-App mit allen Infos inkl.

- Barcelona
- Berlin
- Bodensee
- Deutschland
- Dresden
- Erzgebirge
- Hamburg
- Kroatien
- Leipzig
- London
- Mallorca
- Mecklenburgische Seenplatte
- München
- New York
- Nordseeküste
- Ostseeküste
- Paris
- Rom
- Rügen · Usedom
- Südtirol
- Toskana
- Türkei
- Venedig
- Wien

www.vistapoint.de

Go VISTA CITY GUIDE

e-Book

...immer clever unterwegs!

Machen Sie Ihr Smartphone oder Ihren Tablet-PC zum praktischen Reisebegleiter: mit den einzigartigen e-Books von Vista Point, die neben den bewährten Reiseinformationen der Go Vista City Guides über viele neue Funktionen verfügen:

- **Audio-Dateien (Hörtexte, Musik)**
- **Google-Map-Links**
- **Offline-Karten-Links**
- **Weblinks**
- **Volltextsuche**
- **Lesezeichen und Notizzettel**

Eine Kooperation des Vista Point Verlags mit Random House Audio.

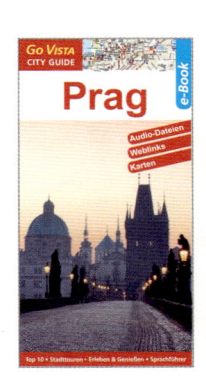

Folgende e-Books sind derzeit lieferbar:

Barcelona, Berlin, Dresden, Hamburg, Köln, London, München, Paris, Prag, Rom, Venedig, Wien

Alle E-Book-Titel sind unter **www.vistapoint.de** lieferbar!

VISTA POINT VERLAG

Bildnachweis und Impressum

Bildnachweis

Bodo Bondzio, Bad Honnef: S. 36, 73
Catch the Day/Manfred Braunger, Freiburg i. Br.: S. 3 o. Mitte, 6 u., 9 o., 11, 19, 56, 90
Fotolia/Senai Aksoy: S. 43 o.; Baloncici: S. 46; Mario Bruno: S. 33 l., 33 r.; Jo Chambers: Schmutztitel (S. 1); Csld: S. 13; DWP: S. 65 o.; Eray: S. 2 l.; Jale Evsen Duran: S. 55; Faraways: S. 45; JM Fontecha: S. 69; Gergana Genova: S. 31; Maksym Gorpenyuk: S. 40; Eray Haciosmanoglu: S. 3 o. r.; iNNOCENt: S. 50; Jon11: S. 86; Evren Kalinbacak: S. 9 u.; Gönül Koçak: S. 27; Kotek: S. 49; Maxfx: S. 77; Moonrun: S. 80; Cem Orter: S. 59; Sorin Popa: S. 64; Psamtik: S. 54; Patrice Sarzi: S. 30; Jan Schuler: S. 6 o. r., 15; Ahmet Cuneyt Selcuk: S. 25; Svetlana Tikhonova: S. 72; Ivo Velinov: S. 4/5
Hacı Abdullah: S. 57
Rainer Hackenberg, Köln: S. 3 o. l., 38, 53, 62, 79, 87
İKSV: S. 65 u.
iStockphoto/Mlenny: S. 21; Laoshi: S.63; Nikada: S. 82; Pavlemarjanovic: S. 7; tella_db: S. 90/91; temmuzcan: S. 3 u.
Volkmar E. Janicke, München: S. 22
Gerold Jung, Ottobrunn: S. 2 r., 6 o. l., 17, 39, 42, 47, 85
János Kalmár, Wien: S. 43 u.
Markus Kirchgeßner, Frankfurt/M.: S. 26
Leb-i Derya Richmond, Istanbul: S. 60
Tueremis/laif, Köln: S. 34, 41
Vista Point Verlag (Archiv), Köln: S. 8, 10 r., 10 l., 14 o., 74 o., 74 u., 75, 76 o. l., 76 o. r., 76 u.
Wikipedia/Acp: S. 89 o.; Darwinek: S. 70; Nevit Dilmen: S. 71; Dr. 91.41: S. 44; Garth T: S. 2 Mitte; Moise Nicu: S. 14 u.; Radomil: S. 28
Hotel Yeşil Ev, Istanbul: S. 51

Schmutztitel (S. 1): Eines der arabisch beschrifteten Rundschilde im Zentralraum der Hagia Sophia
Seite 2/3 (v.l.n.r.): Bosporus-Brücke, Hagia Sophia, Händler im großen Basar, Mustafa Kemal wird als Atatürk sehr verehrt, Portal des Topkapı Palastes, die Blaue Moschee (Sultanahmet Camii), Blick auf die Stadt mit der Hagia Sophia und der Blauen Moschee (S. 3 u.)
Seite 6/7: Kabinettstück im Topkapı Palast (S. 6 l.), die Blaue Moschee (S. 6 o. r.), Fähre über den Bosporus (S. 6 u. r.), Engel in der Chora-Kirche (S. 7)

Konzeption, Layout und Gestaltung dieser Publikation bilden eine Einheit, die eigens für die Buchreihe der Go Vista City/Info Guides entwickelt wurde. Sie unterliegt dem Schutz geistigen Eigentums und darf weder kopiert noch nachgeahmt werden.

© Vista Point Verlag GmbH, Händelstraße 25–29, D-50674 Köln
3., aktualisierte Auflage 2013
Alle Rechte vorbehalten
Verlegerische Leitung: Andreas Schulz
Reihenkonzeption: Vista Point-Team
Bildredaktion: Andrea Herfurth-Schindler und Gerda Rebensburg
Lektorat: Franziska Zielke, 3. Auflage: JB Bild|Text|Satz, Köln
Layout und Herstellung: Kerstin Hülsebusch-Pfau
Reproduktionen: Henning Rohm, Köln
Kartographie: Kartographie Huber, München
Druckerei: Colorprint Offset, Unit 1808, 18/F., 8 Commercial Tower, 8 Sun Yip Street, Chai Wan, Hong Kong

ISBN 978-3-86871-641-2

An unsere Leser!
Die Informationen dieses Buches wurden gewissenhaft recherchiert und von der Verlagsredaktion sorgfältig überprüft. Nichtsdestoweniger sind inhaltliche Fehler nicht immer zu vermeiden. Für Ihre Korrekturen und Ergänzungsvorschläge sind wir daher dankbar.

VISTA POINT VERLAG
Händelstr. 25–29 · 50674 Köln · Postfach 270572 · 50511 Köln
Telefon: 02 21/92 16 13-0 · Fax: 02 21/92 16 13-14
www.vistapoint.de · info@vistapoint.de